イラストで楽しく語彙力アップ

大人の言葉えらびが使える順でかんたんに身につく本

吉田裕子

かんき出版

はじめに

語彙力は表現力である

塾の講師として中高生を指導していると、しょっちゅう「語彙力《ごいりょく》」の問題に突き当たります。

語彙の乏しい生徒は、「正しい意味を選べ」という問題に答えられないだけでなく、そもそも文章の内容を理解できなかったり、誤読したりします。また、小論文を書いても、幼稚な文章になってしまいます。

英単語とは違い、日本語の語彙は、わざわざ覚えようとは思わないものです。「本を読め」とは言うものの、学校や部活、趣味に忙しい学生はなかなか時間がありません。そんな状況下で、どうやって語彙力を身につけさせるか、試行錯誤してきました。

そうした中、二〇一七年の夏に上梓した『大人の語彙力が使える順できちんと身につく本』（かんき出版）に、大きな反響がありました。私は、「**語彙力は子どもだけでなく大人にとっても切実な課題である**」と実感したのです。

言葉は繊細。正しいだけでは伝えきれない

私は日ごろ、古文も教えているのですが、生徒たちの提出する現代語訳の添削をしていて、ある言葉に悩んでしまったのです。

それは、『源氏物語』の一節で、

「(自分の父でもある帝の) **御気色も** (光源氏は) **いとほしう見たてまつりながら**」

という部分です。生徒の答案は、

「帝のご様子も、光源氏はかわいそうに拝見しながら」

でした。

敬語も、古文単語「気色」「いとほし」も、訳ができています。マルをつけようとしたところで、かすかな違和感が生じました。

引っかかったのは「かわいそうに」という部分でした。

確かに「いとほし」は、古語辞典を引くと「気の毒だ。かわいそうだ」と書いてあり

ます。古文の知識としては、間違いではありません。ただ、帝は最高の地位にあるお方ですし、光源氏にとっては実の父親でもあります。そのような相手に対し、「かわいそう」という言い方をするだろうか、と悩んでしまったのです。

かわいそう、というのは、「不憫だと憐れむ態度」で、幼い者、目下の立場の者に使うことのほうが多い語です。そのため、いわゆる「上から目線」の印象を与えかねない言葉でもあるのです。そのことが違和感の原因でした。敬意を失わず、帝のお気持ちに寄り添う表現としては、「お気の毒に」のほうがよいように思います。

私は、生徒の答案に一応マルをつけたうえで、「お気の毒だ」のほうが望ましい旨を書き添えて返しました。

このように、言葉というのは繊細なものです。厄介ではありますが、**微妙な語感の違いまで意識して言葉を選ぶことで、繊細なニュアンスや想いを表すことができます。**日ごろ「伝わればいいよ！」と大雑破《おおざっぱ》に言葉を使ってしまっていないでしょうか。語感や語法まで正確に把握するというのも、語彙力の大切な要素だと感じます。

もう一つ、教室の現場から。これは東京大学の古文の入学試験で出題されたものです。

「遊びののしる」

これを訳しなさいという問題です。「遊ぶ」（楽器を演奏する）と「ののしる」（騒ぎ立てる）という古文単語をわかったうえで、一つの動作としてうまく訳すというものです。ある生徒がこう訳しました。

「大音量で楽器を演奏する」

完全に間違っているわけではないのですが、これでは風流さのかけらもありません。ライブハウスでエレキギターでも弾いている感じがします。

「にぎやかに楽器を演奏する」

これで、かなりよくなりました。ただ、一番感心したのは次の答案です。

「盛大に管弦の遊びをする」

一気に、雅《みやび》な感じがしてきました。この場面は恋に落ちるシーンだったのですが、その文脈にも似つかわしいムードの表現です。

最後の解答をしたのは、日ごろから語彙力のある生徒だったのですが、その力が存分に発揮された訳です。しゃれた言いまわしは、ある程度言葉を知っていないとできないものなのです。

このように、**語彙力は、表現力に直結します**。知的に感じられるかどうか、情景が豊かに伝わるかどうか、魅力的に思えるかどうかは、語彙力にかかっています。

ところで、前作『大人の語彙力が使える順できちんと身につく本』は、ビジネスや大人のつき合いで、実際に会話、メールなどで使うかどうかという観点で言葉を選びました。顧客や取引先、上司などとやり取りする際に、知っておいたほうがよい表現が詰まっています。

その前作の刊行後、ツイッターなどで「語彙力」というキーワードを調べてみると、それとは別の趣旨で、語彙力を求めている人がいることに気がつきました。

「作品の感想を書きたいけど、語彙力が足りない」
「尊敬する先輩の素晴らしさを言葉にしたいけど、語彙力が足りない」
「思うところが色々あるのに、語彙力がなくてうまくまとめられない」

表現力に直結した語彙力を求めている人が多くいたのです。

こうした気づきを経て、この本の企画が生まれました。

一語一語の繊細なニュアンスを理解することで、読解力や表現力を伸ばすことができる、そのような本を編みたいと考えたのです。

本書が目指す「大人の言葉選び」

本書ではそれぞれのシチュエーションに関し、複数の言葉を取り上げました。**同じような意味の言葉に、どのような違いがあるのか、**さらには、**使うときのイメージがどんなものか**を具体的に正しく理解することで、適切な言葉の使い分けができるようになることを目指しています。

知らなかった言葉はもちろん、何となく知っていた言葉についても、イラストと例文を通して明確にイメージを把握し、生きた語感を体得してもらえるようにしています。

なお、各語には「語彙レベル」がついています。★1つがやさしく、★5つが難しい言葉です。★4~5つは、使い慣れていない人がいきなり日常会話に取り入れると、浮いてしまいかねない言葉なので、ご注意を。★1つはかんたんな言葉ですが、他の言葉との対比、語源の説明などを通してより深く理解していただきたいということで取り上げた言葉です。

正しく、深く理解できてこそ、言葉は自分が使えるものになります。ぜひ生きた語彙力を身につけてください。

言葉は、思考の窓です。

先人が気づいてきた真理や概念、美などが言葉に結晶しています。ですから、言葉を知ることは、社会や人間を、世界を知ることにつながるのです。語彙力が知性を感じさせるのには、そういった事情もあります。

読解力、表現力はもちろん、思考力や心のひだにもつながるのが、語彙力です。

あなたの語彙力の養成に、本書が役立てば幸いです。

二〇一八年一月　吉田裕子

『大人の言葉えらびが使える順でかんたんに身につく本』目次

第1章 感情をこまやかに表現する

第2章 嫌味なく相手を褒める

第3章 的確に状況を言い表す

第4章 否定的な内容を伝える

第6章 使ってしまいがちな言葉を言いかえる

恰幅《かっぷく》のいい・貫禄《かんろく》がある・頼《たよ》りがいのある背中《せなか》

91 痩せている
華奢《きゃしゃ》な・スレンダーな・しゅっとした …… 203

92 日焼けしている
小麦色《こむぎいろ》の肌《はだ》・健康的《けんこうてき》な・アウトドア派《は》 …… 204

93 老けている
大人《おとな》びた・ダンディな・いぶし銀《ぎん》 …… 205

94 イケメン
眉目秀麗《びもくしゅうれい》・伊達男《だておとこ》・苦《にが》み走《ばし》ったいい男《おとこ》 …… 206

95 尊い
崇高《すうこう》・麗《うるわ》しい・余人《よじん》をもって代《か》えがたい …… 207

96 終わってる
前世紀《ぜんせいき》の遺物《いぶつ》・尻《しり》すぼみ・斜陽《しゃよう》 …… 208

97 これから来る!
成長株《せいちょうかぶ》・末恐《すえおそ》ろしい・新進気鋭《しんしんきえい》 …… 209

98 やられた! …… 210

まんまと騙《だま》された・出《だ》し抜《ぬ》かれた・意表《いひょう》を突《つ》かれた

99 ぶっちゃけ
ありていに言《い》うと・率直《そっちょく》に言《い》えば・単刀直入《たんとうちょくにゅう》に …… 211

100 それな
おっしゃる通《とお》りです・まさしく・さようですか …… 212

101 ないわ~
あるまじきことだ・言語道断《ごんごどうだん》だ・常識《じょうしき》に欠《か》ける …… 213

COLUMN 6
明治維新で先人が工夫して作った語 …… 214

おわりに …… 215

巻末索引

how to use

この本の使い方

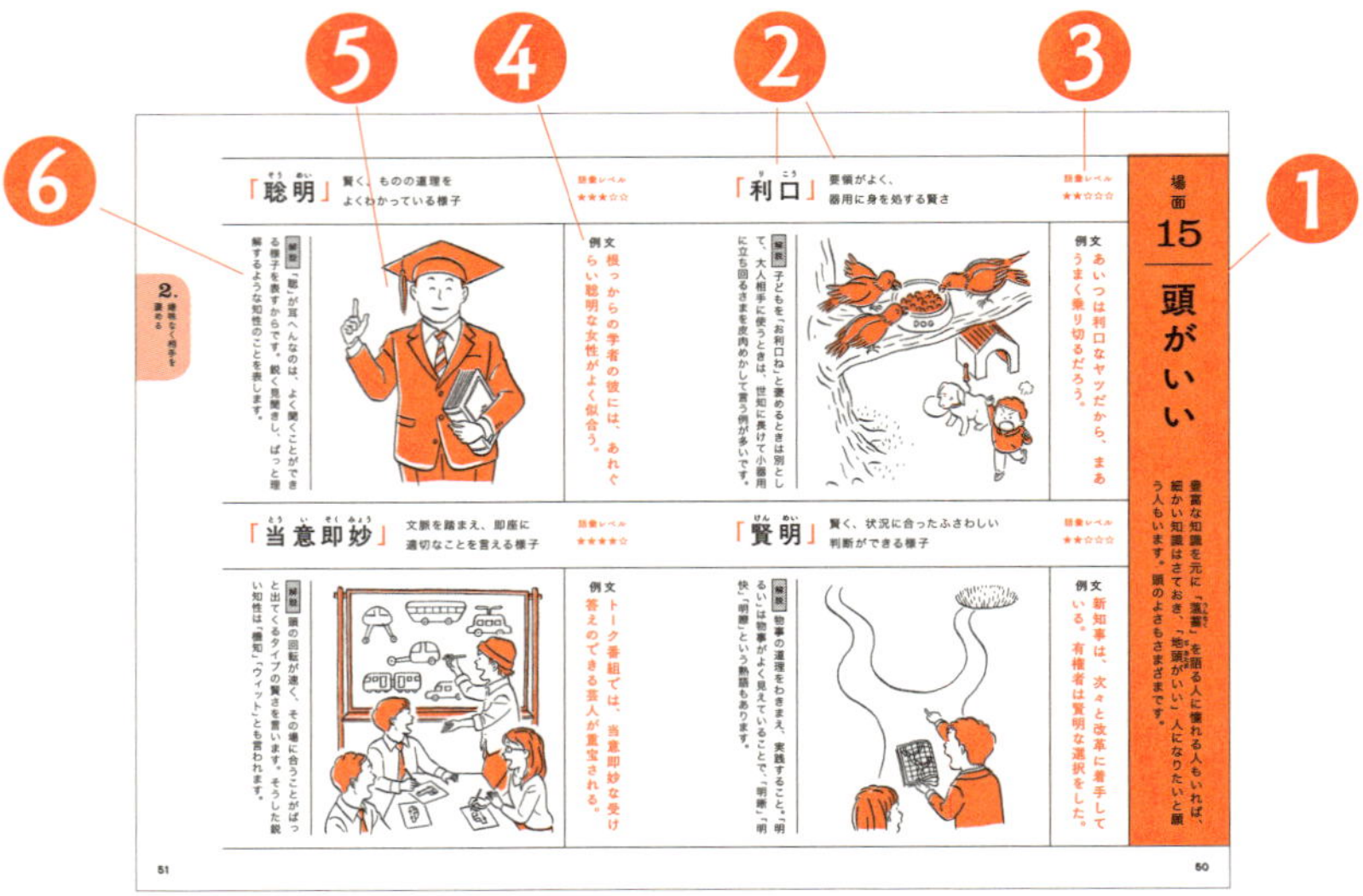

❶ 場面

この見開きで取り上げた４つの語を使う場面です。章ごとに、よくある場面から順番に並んでいます。「こんなとき、どんな言葉で言いかえられる?」という疑問があれば、場面を探して類語辞典のように使ってもいいですし、はじめから順に読み込むのもおすすめです。

❷ 言葉と意味

言葉とその意味を端的に説明しています。

❸ 語彙レベル

★１つがやさしく、★５つが難しい言葉です。★４～５は、使い慣れていない人がいきなり日常会話に取り入れると浮いてしまいかねないので、はじめは状況や相手を選んで使ってみてください。

❹ 例文

仕事や日常生活で使うことを想定した例文です。言葉は使うイメージができてこそ、身につきます。

❺ イラスト

各語を使用するシチュエーションを、パッと見てイメージできるようにしました。例文と合わせ、実感を持って理解・記憶しましょう。時間がない人は、言葉とイラストだけを眺めるだけでも楽しめます。

❻ 解説

イメージや由来、他の語との使い分けなどを説明しています。しっかり読むことで、言葉を自分のものにできるでしょう。

ブックデザイン　大場 君人
イラスト　白井 匠
DTP　茂呂田 剛、畑山 栄美子（エムアンドケイ）

第1章

感情をこまやかに表現する

喜怒哀楽という言葉がありますが、実際には、感情を表す言葉はもっとたくさんあります。同じ感情でも、言い方のバリエーションを増やしておけば、状況にぴったり合う言葉で思いを伝えられます。慣用句なども覚えておくと、お礼のメールや手紙などでも、大人としてふさわしい言葉を選べます。

場面
01 笑う

「微笑み」のように穏やかな笑顔を浮かべるものもあれば、自慢げな「高笑い」、笑って相手にしない「一笑に付《ふ》す」というものも。笑うにも色々あるのです。

「爆《ばく》笑《しょう》」 大勢の人が大声で笑うこと

語彙レベル ★☆☆☆☆

例文 芸人のおかしな仕草に、会場は爆笑の渦に包まれた。

解説 正確な意味までは知られていないかもしれません。一人で笑うというよりは、その場の人たちがみんなで笑うイメージです。

「嘲《ちょう》笑《しょう》」 人を笑いものにすること

語彙レベル ★★☆☆☆

例文 どれだけ世間の嘲笑を浴びようとも、彼は挑戦をやめなかった。

解説 見下し、さげすんで笑う様子で、「冷笑」「あざ笑う」とも言います。「嘲笑の的になる」「嘲笑を買う」という形をよく使います。

「噴飯《ふんぱん》」

ばかばかしくて、食べかけのご飯をふき出してしまうほどおかしくて笑うこと

語彙レベル ★★★★☆

例文
彼の遅刻の言い訳を聞いた？噴飯ものだったよ。

解説 おかしくて笑うのであり、腹立たしいという意味ではありません。類語に、笑うべきでない場面で、ついふき出して笑う「失笑」があります。

「破顔《はがん》」

かたい表情がくずれ、笑顔になること

語彙レベル ★★★★★

例文
志望校合格の知らせを受け、破顔した。

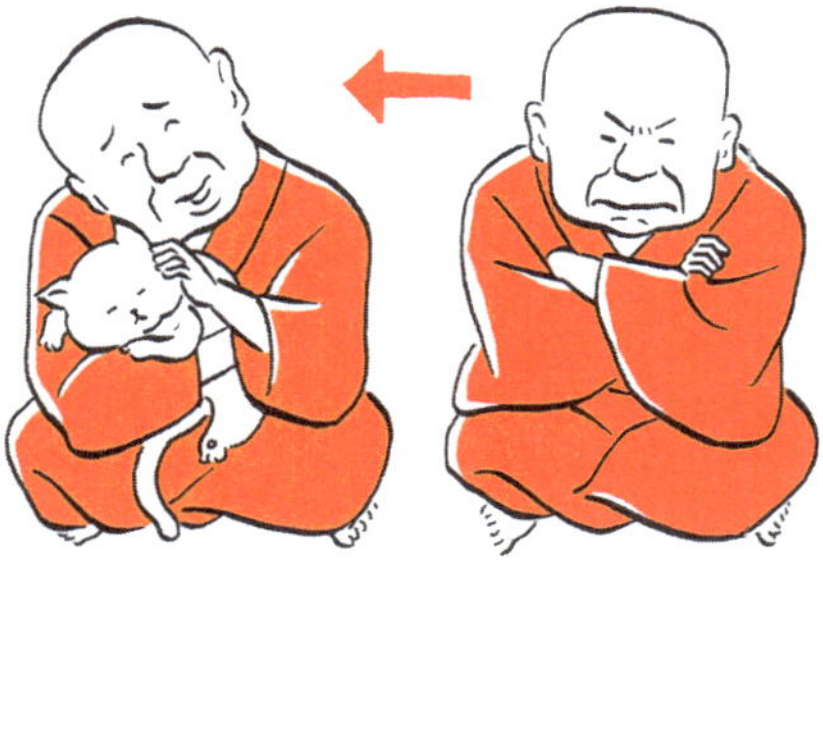

解説 かたくこわばっていた顔をほころばせる様子です。一気に場の雰囲気がやわらかく、明るくなるのがよくわかる言葉です。「破顔一笑」とも。

場面02 頑張る

「一生懸命（一所懸命）頑張ります！」と言うのもさわやかですが、少し大人びた表現も覚えておきたいものです。ここでは、スピーチなどで使える言葉を集めました。

「奮闘《ふんとう》」

苦しい中でも力いっぱい取り組むこと

語彙レベル ★☆☆☆☆

例文 急な変更だったが、現場の一人ひとりの奮闘で乗り越えられた。

解説 「孤軍奮闘」という使い方を見ても、苦しい中での戦いであることがわかります。厳しい状況でも、必死に力を尽くす姿勢を表しています。

「精進《しょうじん》」

自分を高め、努力し続けること

語彙レベル ★☆☆☆☆

例文 今後とも精進してまいりますので、よろしくお願いいたします。

解説 「精進料理」があるように、元は仏教の言葉。雑念を払い一心に修行に励むさまを言う語です。集中し、ストイックに取り組む感じを伝えます。

「尽《じん》力《りょく》」 あることに全力を出すこと

語彙レベル ★★☆☆☆

解説 精一杯の力を尽くすという意味。お礼によく使われますが、自分が協力する場合に「微力ながら尽力いたします」のように使うこともできます。

例文 これもひとえにA様のご尽力のおかげと、深く感謝しております。

「刻《こっ》苦《く》」 心身を苦しめてまで努力すること

語彙レベル ★★★★☆

解説 「刻苦します！」と自分で宣言するような使い方はしません。努力を重ねた人を称える際に使います。四字熟語では「刻苦勉励《こっくべんれい》」と言います。

例文 医師を目指した彼は、刻苦して勉学に励んだ。

場面

03

誇りに思う

誇りを持つのはいいことですが、それが驕《おご》りになってはいけません。肯定的表現も否定的表現も集めていますので、ニュアンスのご確認を。

「自《じ》慢《まん》」

自分や自分に関係するものを、褒め、ひけらかすこと

語彙レベル ★☆☆☆☆

例文 彼の人脈自慢にはうんざりするよ。

解説 自分の能力や経験、持ち物、所属組織などを得意げに語ること。「自画自賛」「手前味噌」とも言います。それを語るドヤ顔は「したり顔」ですね。

「尊《そん》大《だい》」

他人に偉ぶった態度をとること

語彙レベル ★★☆☆☆

例文 尊大な口のきき方にならないよう、気をつけなくてはならない。

解説 思い上がって、いかにも偉そうにする様子。不遜《ふそん》。なお、「持ってまいれ」「せいぜい崇《あが》め奉《たてまつ》るんだな」のような話し方を「尊大語」と呼びます。

「気位《きぐらい》」

他人よりも自分が上だと考え、その品位を保とうとする姿勢

語彙レベル ★★★★☆

例文

彼は気位が高いから、少々つき合いづらい。

解説 育ちがいい、社会的なランクが高いことに由来する優越感のこと。堂々とした気品にもつながりますが、偉そうだと思われるかもしれません。

「矜持《きょうじ》」

自分の能力・技術を優れたものとして誇ること

語彙レベル ★★★★☆

例文

見えない部分にまでの工夫に、職人としての矜持を感じる。

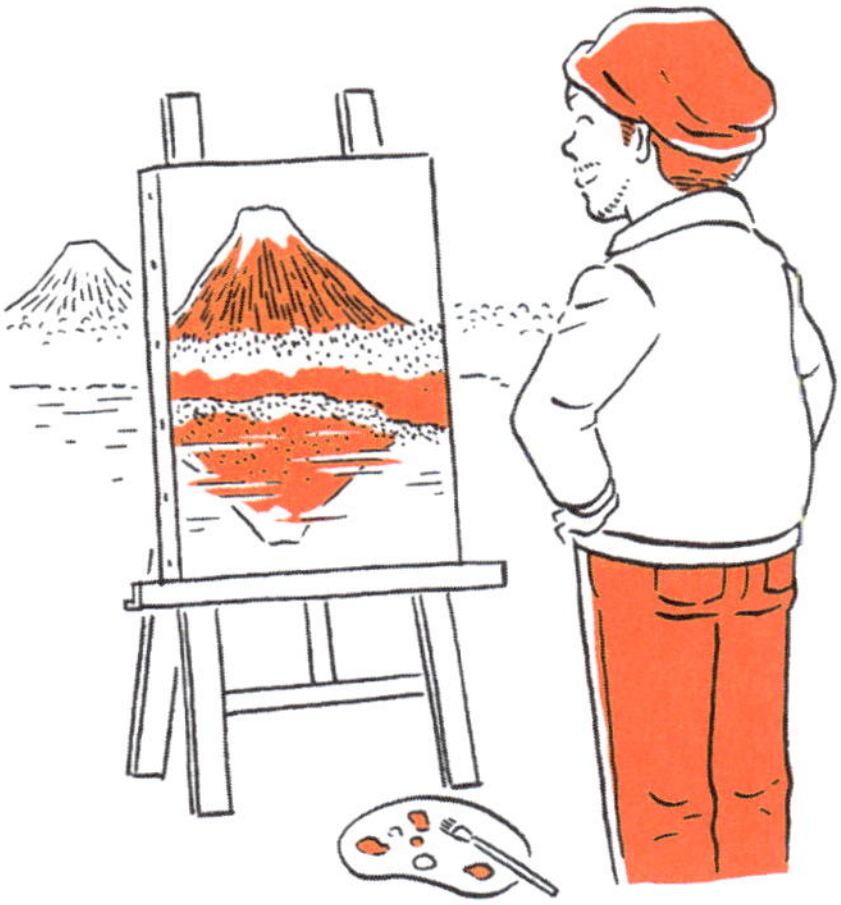

解説 「矜恃」とも書きますが、「恃《たの》む」は、自分の能力を誇ることです。腕一本で稼ぐ職人を思わせます。類語に「自負」「自尊心」「プライド」。

場面

04 よく考える

詳しく考えるのは「具《つぶさ》に考える」。念入りに調べ、考えるのは「吟味する」。考えるのに夢中になって他に意識がいかないさまは「思索にふける」と言います。

「知恵《ちえ》を絞《しぼ》る」 苦心して考えること

語彙レベル ★☆☆☆☆

例文

私どもも、ない知恵を絞って考えてはみたのですが……。

解説 ぬれた衣類から水を絞り出すように、強いて考え、何とかいい知恵を出そうと苦心する様子。よりストレートに「脳味噌を絞る」とも言います。

「熟慮《じゅくりょ》」 じっくりと慎重に考えること

語彙レベル ★★☆☆☆

例文

熟慮に熟慮を重ねたうえで、決意したことだ。

解説 時間をかけて考えを成熟させるイメージ。「熟考」とも言います。よく考えたうえで思い切って実行するという四字熟語に「熟慮断行《じゅくりょだんこう》」。

「鑑《かんが》みる」

先例や手本に照らし合わせること。比較して考えること

語彙レベル ★★★☆☆

例文

過去の事例に鑑みて、適切な処置を考えたい。

解説 「男の鑑《かがみ》」と言うように、「鑑」は手本のこと。手本などに照らし合わせて考えるので、「〜に鑑みる」と言うのが原則です。

「思《おも》いを致《いた》す」

時間的・空間的に離れたものに考えを巡らすこと

語彙レベル ★★★★☆

例文

社史を編集し、先人の知恵と努力に改めて思いを致した。

解説 「致す」は「到る」の他動詞版。思いを到らせる、届かせるという意味です。謙譲語としても使う動詞ですので、謙虚な印象を与えられます。

場面05 決心する

現在貴乃花部屋を率いる貴乃花親方は、大関昇進時に「不《ふ》撓《とう》不《ふ》屈《くつ》の精神で相撲道に精進いたします」と述べました。強い意志でどんな困難にもくじけない様子です。

「決断《けつだん》する」

きっぱりと、ある道に決めること

語彙レベル ★☆☆☆☆

例文 多くの選択肢があったが、彼はアメリカ留学を決断した。

解説 ある道を選び、他の選択肢を断ち切る鮮やかな決定が「決断」です。勇気をもって見事に決断した様子は「英断」「勇断」「果断《かだん》」とも表されます。

「腹《はら》をくくる」

何事にも動じない覚悟を固めること

語彙レベル ★★☆☆☆

例文 ここまで来たら、もう腹をくくって取り組むしかない。

解説 この「腹」は「肚」とも書き、「胆（肝）」にも通じる言葉です。人の本心、決心のこと。腹を「固める／決める／据える」とも言えます。

「見《み》切《き》りをつける」

きっぱりと
あきらめること

語彙レベル
★★☆☆☆

解説 可能性がないと判断し、あきらめること。見限ること。どうしようもなくて泣く泣くやめるというより、自ら決断断する潔さのある言葉です。

例文
本気で三年間やってみてダメなら、見切りをつけたほうがいい。

「不《ふ》退《たい》転《てん》」

決して屈しない、
固く信じる気持ち

語彙レベル
★★★★☆

解説 元は仏教語で、修行が進み、揺るがない境地に達している様子を言いました。強い決心を表明する際に用いる言葉です。

例文
与えられた任務に、不退転の覚悟で臨みます。

場面06 悔しい

悔しいという気持ちは、怒りと悲しみと反省とが複雑に入りまじった心境です。どの部分に中心が置かれるかで、使う言葉が変わってきます。

「痛恨《つうこん》」

取り返しのつかないことを非常に悔しく思う様子

語彙レベル ★★☆☆☆

例文
ブームに乗り遅れ、売れ行きを伸ばせなかったのは、痛恨の極みだ。

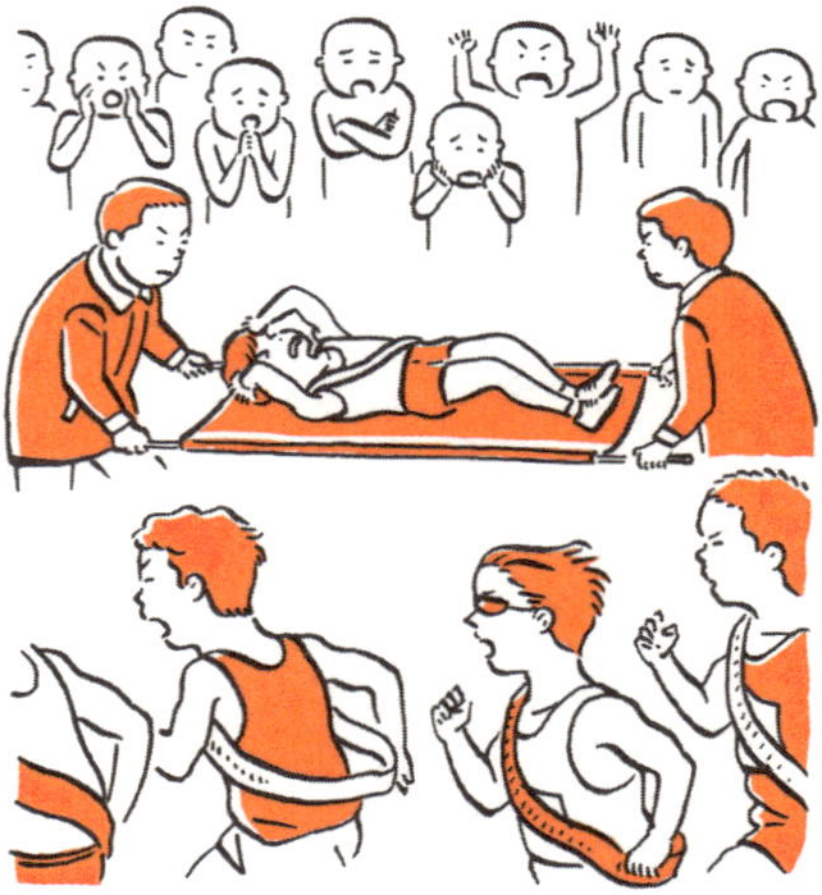

解説 スポーツ中継などで「痛恨のミス」という使い方をよく耳にします。失敗に胸が痛く、大変恨みの残る様子です。

「心外《しんがい》」

思いがけない仕打ちに、残念に思うこと

語彙レベル ★★☆☆☆

例文
まさか妻に疑われるとは、心外だ。

解説 「予想外」「意外」などと基本的な意味は同じです。ただし、使われ方としては、考えもしなかった展開に対し、怒りや無念を覚えている状況です。

「憤《いきどお》り」

相手の非に道義上の怒りを覚えること

語彙レベル ★★★☆☆

解説 現代では、正義感や道徳心から怒りを覚える場合に使われています。社会の不公平や卑劣な犯罪を目の当たりにしたとき、人は憤るのです。

例文 彼は行政の無策に憤りを覚えた。

「忸《じく》怩《じ》」

自分の不甲斐なさに深く恥じ入る様子

語彙レベル ★★★★★

解説 音の雰囲気から、怒っている様子やぐじぐじ悩む様子だと誤解している人もいるようですが、自分の行いを恥じることを表します。

例文 気丈にしていたが、内心忸怩たる思いを抱えていたに違いない。

場面 07

満足する

期待や念願が叶って幸せな気持ちになっている状態を表す語を集めました。他に、ある物事を深く味わい、満足することを言う表現で醍《だい》醐《ご》味《み》を味わう」があります。

「本《ほん》望《もう》」

かねがねの望みが叶って満足であること

語彙レベル ★☆☆☆☆

例文

多少給料が下がろうと、念願の現場配属だから、彼も本望だろう。

解説 本来の望みのこと。類語に「本懐」。前々からの望みが叶って大満足であり、悔いのない心境にあることを表現するのによく使われます。

「会《かい》心《しん》」

自分の望み通りになって満足すること

語彙レベル ★★☆☆☆

例文

さっきのプレゼンテーションは、会心の出来だった。

解説 仕事が思い通りにうまくいったとき、狙った通りの展開が訪れたときなどに使います。野球中継で「会心のホームラン」などと耳にしますね。

「満《まん》悦《えつ》」 満足し、ご機嫌である様子

語彙レベル ★★★☆☆

解説 満たされた、悦《よろこ》びの心境です。「満足」に似た言葉ですが、「（私は）満足です」とは言っても、「満悦です」とは自分ではあまり言いません。

例文 豪勢なもてなしを受け、至極ご満悦の様子だった。

「堪《たん》能《のう》」 あるものを十分に味わえて満足である

語彙レベル ★★★★☆

解説 「足《た》んぬ」（満ち足りた）からできた語。「英会話に堪能だ」のような用法は、実は仏教語の「堪能《かんのう》」との混同から生まれた言い方です。

例文 大変おいしい料理を堪能させていただきました。

場面08 泣く

擬声語・擬態語では「しくしく」「めそめそ」「ポロポロ」「えーんえーん」「おいおい」などの表現があります。泣き方によって使い分けがあるのです。

「号《ごう》泣《きゅう》」 大声を上げて泣くこと

語彙レベル ★☆☆☆☆

例文 勝敗が決まると、彼女はその場で号泣した。

解説 深い悲しみに耐えきれず、声を上げて泣くこと。号令や怒号という語を連想すると、声を上げるさまがよくわかります。「慟哭《どうこく》」とも表します。

「嗚《お》咽《えつ》」 すすり泣いたり、むせび泣いたりすること

語彙レベル ★★☆☆☆

例文 お別れの会では、ときどき嗚咽が漏れ聞こえた。

解説 声を出さないよう努めつつ、ひどく泣く様子です。抑えようとしても、鼻をすする音、しゃくりあげる音などが漏れ出てしまうものです。

「さめざめと泣《な》く」

涙をたくさん流して泣くこと

語彙レベル ★★★☆☆

解説 平安時代から使われている擬態語。しきりに涙を流しつつ、静かに泣く様子を言います。涙はたくさん流しますが、声は出さない泣き方です。

例文 彼女は、あの映画の終盤でさめざめと泣いたのが、実に美しかった。

「血《ち》の涙《なみだ》」

深く悲しんで泣く様子の比喩

語彙レベル ★★★★☆

解説 昔から日本語には涙の表現が多くあります。「袖が乾く間もない」「枕が浮く」「涙の川」など。泣き過ぎると、紅《あか》い血の涙が流れるとされました。

例文 長年連れ添った妻に先立たれ、彼は血の涙を流した。

場面 09

嘆く

「嘆《なげ》き」は「長息《ながいき》」が転じた語だと見られています。文字通り、はぁ〜と長くため息をつく様子が、嘆くことそのものなのです。

「悼《いた》む」 人の死を悲しむこと

語彙レベル ★★☆☆☆

例文 彼は社交的な人だったので、実に多くの人がその死を悼んだ。

解説 「胸が痛む」とルーツは同じです。大切な人が死んで胸を痛めるわけです。「哀悼の意」「悔やむ（お悔やみ）」という表現もよく用います。

「懊悩《おうのう》」 悩み苦しむ様子

語彙レベル ★★★★☆

例文 家族のことで懊悩するあまり、彼は仕事が手につかなくなった。

解説 心の底で悩み、もだえること。他人にペラペラしゃべることのできないような、深い悩みのこと。同じ意味の語に「煩悶《はんもん》」があります。

「悔《かい》恨《こん》」

悔やむ気持ち

語彙レベル
★★★★☆

解説 自分自身の過ちを悔やみ、嘆く気持ちです。不注意や怠慢、人間的な未成熟などを反省し、取り返しのつかない状況に嘆いているのです。

例文
気にしなくていいと言われると、かえって悔恨の情が強まった。

「悲《ひ》憤《ふん》慷《こう》慨《がい》」

社会の不正不義、
我が身に振りかかる
不公平を憂うこと

語彙レベル
★★★★★

解説 「憤（訓読み：いきどおる）」や「慷慨《こうがい》」は、社会の非道に激しい怒りを覚える様子です。筋の通らない、おかしい状況を嘆き、怒る様子です。

例文
政治の停滞ぶりに悲憤慷慨する。

場面10 願い、望む

「希望」「要望」「欲望」「志望」など、望みを表す言葉はさまざま。相手が望んでいたものを渡す際には「ご所望の品です」という言い方をしますね。

「野望《やぼう》」 身の程を越えた望み

語彙レベル ★☆☆☆☆

例文 彼の野望は、そのとき阻まれたのである。

解説 類語の「野心《やしん》」は、「野心作《やしんさく》」のように、意欲や挑戦を肯定的にとらえる使い方もあります。「野望」のほうは、分不相応であることが強調されます。

「懇願《こんがん》」 切に相手に訴える願い

語彙レベル ★★★☆☆

例文 懇願に負けて、話だけは聞いてみることにした。

解説 「懇」の字は「懇切丁寧《こんせつていねい》」という熟語もあるように、熱心でひたむきな様子。必死に頼んでいる様子です。類語に「嘆願」「哀願」があります。

「宿願《しゅくがん》」

長年の願い

語彙レベル
★★★☆☆

例文
彼は昨年、宿願であった優勝を果たした。

解説 「宿命」などの語がある通り、「宿」には「前々からの」（仏教語で「前世からの」）という意味が含まれます。類語に「念願」「悲願」などがあります。

「垂涎《すいぜん》」

あるものを非常にほしがる様子

語彙レベル
★★★★☆

例文
ファン垂涎の再演チケットを手に入れました！

解説 「涎」の訓読みが「よだれ」であることを知っていれば、すぐに「涎が垂れるほど」という意味が納得できるはずです。食べ物以外にも使います。

場面

11

自分の思いをはっきり言う

遠慮して言わなかったり、あいまいに濁したりすることも多いのが日本人ですが、ここでは、自分の考えをはっきり伝える言葉を集めました。

「豪《ごう》語《ご》」

自信満々に大きなことを言うこと

語彙レベル ★★☆☆☆

例文

今年度中に黒字化すると豪語した。

解説 自分の能力などに関し、自信たっぷりに述べる様子です。とくに、実力がともなわないのに豪語しているケースは「大言壮語《たいげんそうご》」と言われます。

「直《ちょく》言《げん》」

遠慮なくはっきり言うこと

語彙レベル ★★★☆☆

例文

直言させていただきますと、この事業には将来性はありません。

解説 オブラートに包むことなく、きっぱりと意見や事実を伝えること。相手が不快に思うかもしれないことでも、率直に伝える様子です。

「極言《きょくげん》」

大げさに、極端な言い方で言うこと

語彙レベル ★★★☆☆

解説 100パーセントそうだと言い切れないことを断定的に言うなど、事実よりも大げさに、極端に言うこと。また、遠慮なくはっきり言うこと。

例文 彼には、あえて極言し、話題を呼ぼうとするところがある。

「諫言《かんげん》」

目上の人をいさめること

語彙レベル ★★★★☆

解説 上司や先輩に対してでも、おかしいことはおかしいときちんと伝えること。同音の「甘言《かんげん》」（聞き手を喜ばせる、うまい話）とは反対ですね。

例文 諫言してくれる部下がいるのを幸せに思ったほうがよい。

場面 12

心奪われ、夢中になる

日本語には、主体的に愛する言葉以上に、「心惹かれる」「慕わしい」など、向こうの魅力に引っ張られるような言葉が多くあります。

「やみつき」

熱中し、やめたくてもやめられない様子

語彙レベル ★★☆☆☆

例文 ほんの少しのつもりのお菓子が、やみつきになってしまった。

解説 食べ物のおいしさを表すのによく使われる言葉です。それ以外ではあまりよくない行為に使うことが多いです。語源は「病み付き」ですからね。

「骨《ほね》抜《ぬ》き」

魅了され、節操や理性を失ってしまうこと

語彙レベル ★★☆☆☆

例文 多くの男性が、彼女に骨抜きにされてしまった。

解説 恋で腑抜けになった状態によく使います。「骨抜きにする」という能動態で、法律や計画の重要な部分を台無しにするという意味でも使います。

「恍《こう》惚《こつ》」

心奪われて、うっとりしている様子

語彙レベル ★★★☆☆

解説 「恍」「惚」の訓読みは「とぼける」。さらに「惚」は「ほうける」とも読みます。まるでぼうっと呆《ほう》けるかのように、心奪われているのです。

例文 プリンを食べて恍惚の表情になる。

「執《しゅう》心《しん》」

人が対象に夢中になるのを、からかって言う言葉

語彙レベル ★★★★☆

解説 「執」の字は「執着」「固執」と使います。あまりに熱心な様子にあきれ、冷やかす気持ちを込めて使い、とくに、異性に惹かれる姿を指します。

例文 最近、彼はAさんにご執心のようだよ。

場面

13

愛する

恋愛に限らず、人が人を大切に思う気持ちを言います。愛に関してはやはり美しい言葉が多いのですが、愛情が高じて、えこひいきにつながってしまうことも……。

「溺愛《できあい》」 むやみにかわいがる様子

語彙レベル
★★☆☆☆

例文

子どもをかわいがるのは重要だが、あまりに溺愛するのは考えものだ。

解説 かわいがるあまり、相手を客観的に見定めたり、己の態度を反省したりできません。そうした理性を失った様子は「盲愛《もうあい》」とも。

「慈愛《じあい》」 優しくいたわるような深い愛情

語彙レベル
★★☆☆☆

例文

彼の慈愛に満ちたまなざしに、どれだけ救われたことだろう。

解説 親が自分の子どもを見守るように、大切にいたわる様子。神仏が人間を見守る様子など、尊い存在、上の立場の人が注ぐ大きな愛です。

「愛情《あいじょう》こまやか」

情愛が深く、気持ちが行き届いている様子

語彙レベル ★★★☆☆

例文
あの師匠はどの弟子にも、家族のように、愛情こまやかに接した。

解説
「細やか」とも「濃やか」とも書きます。濃密な愛情が細かいところまで行きわたっている様子をイメージしてください。

「敬《けい》愛《あい》」

尊敬し、親しみの心を持つ様子

語彙レベル ★★★☆☆

例文
父と同じ道に進んだのは、幼い頃から敬愛の念を抱いていたからだ。

解説
「敬愛する恩師」と使うように、先生や先輩などを敬う気持ちを言います。「崇拝」「畏敬」よりは相手に親しみを感じています。

場面 14

感想

相手に感想をたずねる際、「印象はいかがでしたか」と声をかけるのと、「見解をうかがいたい」と問うのでは、相手の答えも変わってくるはずです。

「雑感《ざっかん》」

とりとめもない感想。
思いついたことを書いた文章

語彙レベル
★☆☆☆☆

例文
雑感を手帳に書き留めるようになってもう五年になる。

解説
文章の場合、「随想」「エッセー」とも。「雑」には「まとまりのない」という否定的なニュアンスがあるため、他人の考えを「雑感」とは表しません。

「物言《ものい》い」

異議を唱えること

語彙レベル
★★☆☆☆

例文
不自然な状況から、その保険金の支払いには物言いがついた。

解説
相撲で、行司の下した判定に審判委員などが異議を申し入れることから。「穏やかな物言い」のように、単に話し方を指す場合もあります。

「私《し》見《けん》」

自分の考えを、あくまで個人的見解だとへりくだって言うこと

語彙レベル
★★★☆☆

例文
私見であるが、あの新商品はよくなかったのではないか。

解説
「公」と対比される「私」。「いささか私見を述べたい」のように、個人的な考えに過ぎないと断ったうえで、意見を述べる際に使います。

「心《しん》証《しょう》」

ある人の言動が、他の人に与える印象

語彙レベル
★★★☆☆

例文
面接官の心証をよくするために、身だしなみを整える。

解説
「心証をよくする／害する」という使い方が最も多いでしょう。裁判用語では、証明を要する事実に関し、裁判官がどう認識するかのこと。

COLUMN 1

新しく辞書に載った言葉

映画化やアニメ化もされた小説『舟を編む』（光文社）で、辞書編纂《へんさん》の仕事が注目されました。日夜、言葉に関心を持ち、新語・新用法をキャッチしては用例を集め、一語一語の意味と向き合う——そうした格闘の日々を経て、言葉の鑑として、あるいは時代を映す鏡としての辞書が編まれます。

たとえば、『広辞苑』（岩波書店）の第６版（2008年）、第７版（2018年）に新たに追加された項目を見ると、時代を感じる言葉が含まれています。

第６版で追加された語の例	**第７版で追加された語の例**
「イケメン」（「いけ面」と掲載）	「自撮《じど》り」「美品《びひん》」
「うざい」「ブログ」	「クールビズ」
「顔文字《かおもじ》」「ニート」	「ブラック企業《きぎょう》」
	「マタニティー・ハラスメント」

『新明解国語辞典』『三省堂国語辞典』などで知られる三省堂の主催する「辞書を編む人が選ぶ 今年の新語」という企画もあります。辞書編集者が新語を探す姿を、垣間見られますね。

2015年	**2016年**
1位　じわる	1位　ほぼほぼ
2位　マイナンバー	2位　エモい
3位　LGBT	3位　ゲスい

第2章

嫌味なく相手を褒める

「すごい！」など、ワンパターンな褒め言葉を連呼していると、白々しく聞こえます。よく観察し、何がどのように素晴らしいのか、具体的に表現したいものです。また、褒める言葉でも、目上の人には言わないほうがよい表現もありますので、そうした使い分けを学び、円滑なコミュニケーションに役立ててください。

場面15

頭がいい

豊富な知識を元に「蘊蓄《うんちく》」を語る人に憧れる人もいれば、細かい知識はさておき、「地頭《ぢあたま》がいい」人になりたいと願う人もいます。頭のよさもさまざまです。

「利口《りこう》」

要領がよく、器用に身を処する賢さ

語彙レベル ★★☆☆☆

例文

あいつは利口なヤツだから、まあうまく乗り切るだろう。

解説 子どもを「お利口ね」と褒めるときは別として、大人相手に使うときは、世知に長けて小器用に立ち回るさまを皮肉めかして言う例が多いです。

「賢明《けんめい》」

賢く、状況に合ったふさわしい判断ができる様子

語彙レベル ★★☆☆☆

例文

新知事は、次々と改革に着手している。有権者は賢明な選択をした。

解説 物事の道理をわきまえ、実践すること。「明るい」は物事がよく見えていることで、「明晰」「明快」「明瞭」という熟語もあります。

「聡明《そうめい》」

賢く、ものの道理をよくわかっている様子

語彙レベル ★★★☆☆

例文 根っからの学者の彼には、あれぐらい聡明な女性がよく似合う。

解説 「聡」が耳へんなのは、よく聞くことができる様子を表すからです。鋭く見聞きし、ぱっと理解するような知性のことを表します。

「当意即妙《とういそくみょう》」

文脈を踏まえ、即座に適切なことを言える様子

語彙レベル ★★★★☆

例文 トーク番組では、当意即妙な受け答えのできる芸人が重宝される。

解説 頭の回転が速く、その場に合うことがぱっと出てくるタイプの賢さを言います。そうした鋭い知性は「機知」「ウィット」とも言われます。

場面 16

仕事や作品の出来がよい

各種SNSには「いいね」ボタンがありますが、実際には人を褒めるとき、そんな一言だけでは表せない、その時々のニュアンスがあるはずです。

「極《ごく》上《じょう》」

質が大変優れている様子

語彙レベル
★☆☆☆☆

例文
極上の料理に舌鼓《したつづみ》を打った。

解説
「極めている」わけなので、最も上等なものと言っていいでしょう。「とびきり」「格別」「至高」なども際立って優れている様子を表します。

「精《せい》彩《さい》を放《はな》つ」

調子がよく、優れている状態

語彙レベル
★★☆☆☆

例文
今日のH君はいつにも増して精彩を放っていたね。

解説
「精彩」は「生彩」とも書き、生き生きとした活力に満ちている様子です。対義語で、調子が悪い状態を言うのが「精彩を欠く」です。

「凌《りょう》駕《が》」

他を上回り、圧倒する様子

語彙レベル ★★★☆☆

例文
あのベンチャー企業はもはや老舗企業も凌駕し、シェア一位を誇る。

解説
「凌」の字は「凌《しの》ぐ」と訓読みし、他を上回り、圧倒する様子を表します。単に上回るというより、迫力を持って圧倒する感じが出ています。

「出《しゅっ》色《しょく》」

抜群であること。
とくに目立っていること

語彙レベル ★★★★☆

例文
今月の舞台では、Sという役者の演技が出色であった。

解説
他と比較してこちらのほうがましである、というレベルではなく、一群の中でぱっと目に飛び込んでくるほどの、鮮やかで優れた出来のこと。

場面17 魅力がある

「華がある」という言葉があります。その場がぱっと明るくなる、強い印象を与えるスター性を言います。一方で実力はあっても華がない惜しい芸人もいます。

「魅《み》了《りょう》する」

人をすっかり惹きつけ、夢中にさせること

語彙レベル ★☆☆☆☆

例文 彼の歌声は、会場を埋め尽くす聴衆を魅了した。

解説 美しさや技巧が優れており、見聞きする者をうっとりさせる様子。類語には「引きこむ」「心をとらえる」「心を摑む」があります。

「カリスマ性《せい》」

多くの人々を熱狂的に惹きつける不思議な魅力を持つ

語彙レベル ★★☆☆☆

例文 指導経験はないが、カリスマ性でチームを引っ張っている。

解説 英雄や宗教的指導者に見られるような、多くの人々を心酔させる超人間的・非日常的で神秘的なまでの魅力を言います。

「魅《み》惑《わく》的《てき》」

魅力のあまり、
人を惑わせるほどであるさま

語彙レベル
★★☆☆☆

例文

姫の魅惑的な微笑みに、彼らは虜になった。

解説

相手の理性を失わせるほどの強力な魅力。小悪魔的な女性の魅力、あるいは、セクシーな魅力（性別を問わず）を評するのによく使われます。

「求《きゅう》心《しん》力《りょく》」

他人を惹きつけ、
組織のリーダーや
物事の中心人物になる力

語彙レベル
★★★☆☆

例文

新監督には、前監督ほどの求心力はない。

解説

「遠心力」の反対で、中心に引き寄せる力のこと。人望があったり、マネジメント能力が長けていたりして、組織をまとめられる人に使います。

場面18 人柄が優れている

お手本にしたいような、素晴らしい人柄を表す言葉を集めました。昔の人はこうした人格を目指し、『論語』『大学』などの漢籍を読んで学んだのでした。

「好《こう》人《じん》物《ぶつ》」

気立てのよい、お人よし

語彙レベル
★★☆☆☆

例文
見るからに好人物そうなオーナー夫妻が出迎えてくれた。

解説
善良で、腹黒い部分がなく、親切。類語の「お人よし」には、だまされやすいと揶揄する用法もありますが、この語にはありません。

「真《ま》人《にん》間《げん》」

人の道に外れていない、まっとうな人

語彙レベル
★★★☆☆

例文
そろそろ年も年だし、真人間にならないとな、と思うんだ。

解説
真面目で、正しい生き方をしている人間のこと。酒を飲み過ぎたり、ギャンブルや色事にはまり込んだりせず、清く正しく生きること。

「有徳《うとく》」

他の模範となるような、徳の高い行いをすること

語彙レベル ★★★★☆

例文

彼は、今どき稀な、有徳の孝行者であった。

解説 「うとく」もしくは「ゆうとく」。品性、人徳があり、それを実践する様子。なお、昔は「有徳《うとく》人《じん》」は富裕者を意味しました。

「高潔《こうけつ》」

気高く、汚れのない立派な人格

語彙レベル ★★★★☆

例文

I氏は、社会貢献の志の元に事業を推進する高潔の士である。

解説 人格が立派で、気品を感じさせるさま。心に汚れがなく、道徳に反しない、清廉《せいれん》な印象を与える人。類語に「人格者」「廉潔《れんけつ》の士」など。

場面19

人としての器が大きい

人を導くリーダーには、能力だけでなく、ついていきたいと思わせる人柄の魅力がほしいところ。ここで紹介した他には「肝（っ玉）の据わった」（69ページ）や「漢《おとこ》気《ぎ》のある」「骨のある」など。

「寛容《かんよう》」

細かいことで怒らず、心が広いこと

語彙レベル ★☆☆☆☆

例文

新人育成を担当するときには、寛容の精神をもって当たらなくては。

解説 寛《くつろ》いだ態度で、受け容《い》れる姿勢です。類語に「寛大」があります。「寛容する」とは言いますが、「寛大する」とは言いません。

「度量《どりょう》の大きい」

人を広く受け入れようという心構えがある様子

語彙レベル ★★☆☆☆

例文

度量の大きい担任の先生に、生徒は親しみを持っている。

解説 「度」は長さ、「量」は容積。その容積をはかる枡《ます》から転じて、他人を受け入れる、器の大きさを表す言葉になりました。

「鷹《おう》揚《よう》」

小事を気にしない、
ゆったりと大らかで上品な様子

語彙レベル
★★★★☆

例文
島の人は、鷹揚に構え、あくせくしない。

解説 鷹が悠然と空を舞う様子から。歌舞伎では、若手主体の公演、子役の初お目見えの際、「鷹揚のご見物を」と客にお願いすることがあります。

「豪《ごう》放《ほう》磊《らい》落《らく》」

細かいことを気にせず、
豪快で明るい人柄

語彙レベル
★★★★★

例文
昭和の大スターのような豪放磊落な人物は少なくなった。

解説 気持ちが大きく、小事を気にしない、朗らかな人物です。「鷹揚」とは違い、豪快で大胆な雰囲気を持つ人物に使います。

場面 20

活躍する

褒め言葉の一つに「さすが」があります。これまでの状況を踏まえれば、当然活躍するだろうと思っていたが、やはり見事な活躍だ、という気持ちを込める言葉です。

「水《みず》を得《え》た魚《うお》のように」

その人に合った環境で力を発揮する様子

語彙レベル ★☆☆☆☆

例文

彼も現場に戻ってからは、水を得た魚のように働いているんだとか。

解説

「うお」と読むのが一般的です。職場や状況に合い、生き生きとする様子。逆に、その環境に馴染めず、力が出ない様子は「水が合わない」。

「健《けん》闘《とう》」

苦しい状況や強い敵に対し、よく戦うこと

語彙レベル ★★☆☆☆

例文

時間のない中では、十分に健闘したほうだと思うよ。

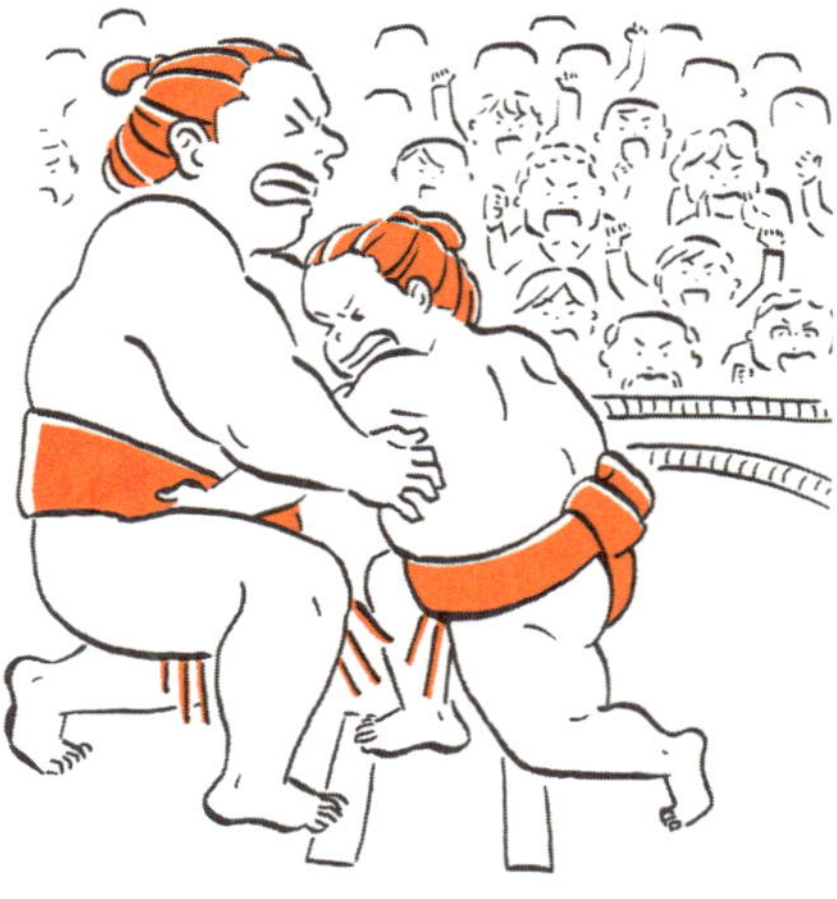

解説

懸命の戦いを称える言葉です。最終的には負けてしまったり、完全に希望通りの出来には達しなかったりしたケースに使うことが多いです。

「面《めん》目《もく》躍《やく》如《じょ》」

その人の持ち味、得意なことを十分に発揮すること

語彙レベル ★★★☆☆

例文

あれは、塗装の老舗たるK社にとって、面目躍如のよい仕事だった。

さすが達筆だね!
会社忘年会会場

解説 「面目」は社会的な評価。これまでの評価にふさわしい仕事をして、その名が生き生きと輝くイメージです。「本領発揮」「真骨頂」とも。

「獅《し》子《し》奮《ふん》迅《じん》」

猛烈な勢いで行動する様子

語彙レベル ★★★★☆

例文

人が足りずに苦労したが、彼の獅子奮迅の活躍で何とか乗り切った。

解説 獅子といえば、百獣の王であるライオンのこと。その獅子が奮い立って、迅速に振る舞う様子から、激しい勢い、やる気を表現する言葉です。

場面21 評判

近年では「バズる」という言葉が出てきました。一時的に、爆発的な評判を生む様子。インターネット上、とくにSNS上で騒がれる様子を指す言葉です。

「トレンド」

今、時代の流れに合って評判になっている様子

語彙レベル ★☆☆☆☆

例文

女子高生のトレンドはめまぐるしく変わる。

解説 ファッションやサービスなどの流行や傾向のこと。時代の趨勢《すうせい》。株式相場の傾向を「上昇トレンド」「下降トレンド」と表すこともあります。

「定評《ていひょう》がある」

長年認められ、安定した評判を持つ様子

語彙レベル ★★☆☆☆

例文

あの業者は、品質に定評がある。

解説 長年の実績で、確固たる信用があり、かんたんには動かない評価を言います。そうして多くの人に評価される存在を「ブランド」と言うのです。

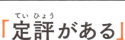

「人《じん》望《ぼう》が厚《あつ》い」

人柄に、好意や尊敬の念が寄せられる様子

語彙レベル ★★☆☆☆

解説 部下や周囲の人が「ぜひこの人についていきたい！」と思うような魅力があることを言います。正直で、頼りがいのある人物です。

例文 人望が厚い上司のもとでは、チームが一丸となりやすい。

「声《せい》望《ぼう》が高《たか》い」

世間での評判が高い様子

語彙レベル ★★★☆☆

解説 「声望」は、世間でのよい評判（名声）と人望のことです。「声望がある」「声望を集める」という形でもよく使います。

例文 再建請負人として声望が高い彼は、複数の企業の顧問を務めている。

場面
22
元気な様子

体力的な意味で使うこともありますが、やはり元気な印象を与えるのは気持ちの張りです。活力にあふれる様子を表す言葉を集めました。

「精《せい》力《りょく》的《てき》」 気力、体力にあふれる様子

語彙レベル ★☆☆☆☆

例文

部長は仕事にも趣味にも精力的だ。

解説 幅広いことに貪欲に取り組むバイタリティ。「改革に精力的に取り組む」のように、一つのことに積極的に力を注ぐ様子を言うのにも使われます。

「溌《はつ》剌《らつ》」 元気のみなぎる様子

語彙レベル ★★☆☆☆

例文

いくつになっても、溌剌とスポーツを楽しみたい。

解説 もともとこの語は、魚が飛び跳ねる様子を表すものでした。ピチピチと若さにあふれ、動作もきびきびしている様子です。

「清《せい》新《しん》」

新しい顔ぶれで、清々しく若々しい印象

語彙レベル ★★★☆☆

例文

キャストを一新し、不朽の名作を、清新な顔ぶれでお届けします。

解説 カタカナ語で「フレッシュ」。新鮮で、さわやかな風が吹き込むようなイメージです。メンバーが若手中心であることをポジティブに言う表現。

「意《い》気《き》揚《よう》々《よう》」

喜びと自信に満ちた態度

語彙レベル ★★★★☆

例文

商談を成功させ、意気揚々と会社に戻ってきた。

解説 自信を持って取り組む、誇らしげな感じが伝わってきます。堂々とした感じ。自慢げであるとか、嫌な感じはとくにありません。

場面 23
珍しい

普通とは様子の違う人を「風変わり」と呼びます。その類義語の「異色」の場合には、目立った特徴があり、それが興味深い、というポジティブな印象があります。

「ユニーク」

他に類を見ない、独特なさま。個性的

語彙レベル ★☆☆☆☆

例文

ユニークな発想力が加わったことで、企画に新風が吹き込まれた。

解説 感性や性格が独特で、唯一無二である様子。変わり者で、常識に欠けている人を皮肉に評する言葉として使われるケースもあります。

「稀《け》有《う》」

めったにない、珍しいこと

語彙レベル ★★☆☆☆

例文

全く企業風土の異なる二社の合併がうまくいった稀有な例であろう。

解説 あまり見かけないので、珍しく不思議に感じるもの。肯定（すごい、貴重な）・否定（奇異な）どちらの文脈でも使われています。「希有」とも。

「珍《ちん》重《ちょう》」

珍しいと思い、大切にすること

語彙レベル
★★★☆☆

解説 珍しいと重んじる様子。食材や骨董品などのものの形容に使われることが多いのですが、貴重な人材をありがたがる様子にも使います。

例文
子持ち鮎は、独特の食感ゆえに珍重されている。

「前《ぜん》代《だい》未《み》聞《もん》」

これまでに一度も
見たことのないこと

語彙レベル
★★★☆☆

解説 同じような驚きを表す語に「未曾有《みぞう》」「空前絶後」「前人未踏（到）」がありますが、「前人未踏」は肯定的な文脈でしか使いません。

例文
入社後半年で、プロジェクトリーダーを任されるのは前代未聞だ。

場面

24

しっかりと強い様子

人が頼もしい様子を言う擬態語には「どっしり」があります。なお、体格がしっかりとしているのは「がっしり」、絆や連携が確かなのは「がっちり」です。

「不《ふ》動《どう》」

人気や実力が安定し、他者に脅かされない様子

語彙レベル ★☆☆☆☆

例文 年々シェアを伸ばし、国内外で不動の地位を築いたのである。

解説 かんたんには動かないような、安定した人気や地位を築いていることを言います。「不動のものとする」（＝地位を確立する）という言い方も。

「地《ち》に足《あし》のついた」

浮ついた様子のない、堅実な様子

語彙レベル ★★☆☆☆

例文 大きな夢を語るのもいいが、地に足のついたプランも考えてくれ。

解説 しっかりと地面に足がついているイメージです。ふわふわとしておらず、現実的で安定感のある様子です。

「胆《きも》の据《す》わった」

精神的にたくましく、頼りになる様子

語彙レベル ★★☆☆☆

解説 並のことでは動揺しない、性根のしっかりした人格。類似表現に「肝っ玉の据わった」「心臓に毛の生えた」「度胸のある」があります。

例文

一喜一憂する人より、肝の据わった人のほうがリーダーに向いている。

「盤《ばん》石《じゃく》」

つけ入るスキのない、強固で安定した様子

語彙レベル ★★★☆☆

解説 「岩盤」「地盤」からもうかがわれるように、平たく大きな岩のこと。そして、その岩のように堅固で揺るがない様子。「磐石」とも書きます。

例文

競争激化が見込まれるため、さらに盤石な体制を整えて臨みたい。

場面

25

便利である

コンビニエンスストアの「コンビニエンス」は、便利、好都合という意味の英単語。現在では、コンビニは国内に六万店前後。便利で欠かせないものになりました。

「好都合《こうつごう》」　都合がよいこと

語彙レベル
★☆☆☆☆

例文　延期していただいたほうが、こちらとしても好都合です。

解説　一般論として便利かどうかではなく、自分(たち)から見てよい条件であること。希望通り、ぴったりであることは「おあつらえむき」。

「徳用《とくよう》」　値段の安い割に役に立つこと

語彙レベル
★☆☆☆☆

例文　つい、お徳用パックを買うのだが、使い切れず余らせてしまう。

解説　「個々に買うと十個三〇〇円だが、お徳用パックで買うと十個入りで二五〇円」というように、便利でお値打ちであること。割安。

「便宜《べんぎ》」

都合のよい状態。目的にかなった処置

語彙レベル ★★☆☆☆

例文

正式名称で記すべきだが、便宜上、略称で記すことをお許し願いたい。

SJ号※
に乗ろう!
未来ののりもの
※スーパーハイデッカーミラクルジェットストリーム号

解説 よく見る使い方に「便宜を図ってもらう」があります。口利きなどにより、都合のよい状況を整えてもらうことを言います。

「重宝《ちょうほう》」

使い勝手がよく、多用すること

語彙レベル ★★★★☆

例文

Nさんはパソコンまわりに詳しく、みんなに重宝がられている。

何でも汚れ落とし

解説 貴重な宝という意味でしたが、現代では、宝のように大切に思うこと、また、便利なものをありがたいと思って使うことを意味します。

場面

26

ある物事が褒められる

目上の人に褒めてもらうことを言う「お褒めにあずかる」も覚えておきましょう。褒められたら、「お褒めにあずかり、光栄です」とお礼を言うわけです。

「称賛《しょうさん》を浴《あ》びる」

広く認められ、称えられること

語彙レベル ★☆☆☆☆

例文 彼の監督最新作は、これまでにない称賛を浴びた。

解説 「称讃」「賞賛」「賞讃」とも表記。他に、世間から褒められる様子は「脚光を浴びる」「今を時めく」「時代の寵児《ちょうじ》になる」とも言います。

「拍手喝采《はくしゅかっさい》を浴《あ》びる」

手を叩き、声を上げて褒められる様子

語彙レベル ★★☆☆☆

例文 舞台は好評を博し、カーテンコールでは拍手喝采を浴びた。

解説 舞台の幕が下りると、拍手喝采が巻き起こることがあります。拍手に加え、「ブラボー」などと声を上げて褒めそやすのが「喝采」です。

「お墨《すみ》つきをもらう」

権威ある者から認められること

語彙レベル ★★★☆☆

例文

原作者のH先生からお墨つきをもらったキャスティング。

大評判のグルメガイド100店

解説 武家社会では、大名が臣下に与えた文書に「花押《かおう》」を付しました。墨で書くサインです。それが、上位者の保証という意味に広がりました。

「激賞《げきしょう》される」

とくにはなはだしく褒めること

語彙レベル ★★★★☆

例文

ある大物芸人に激賞されたのを機に、彼はブレイクした。

敬服しました
文壇で類のない作家になれます
漱石より

解説 「賞」の字には「ほめる」「めでる」という訓読みがあります。「Aさん激賞！」などと、商品の紹介文に盛り込むのもいいですね。

場面

27

やわらかい

「四角四面《しかくしめん》」という四字熟語があります。ひどく真面目で堅苦しいことです。それとは対照的な言葉を集めました。カタカナ語では、「ソフト」や「マイルド」。

「人《ひと》当《あ》たりがよい」

やわらかな印象を与えること

語彙レベル ★☆☆☆☆

例文

いつ買い物に行っても、人当たりがよい店員が接客してくれる。

解説 「人当たり」は人と会った際に相手に与える印象。それがやわらかで好感が持てること。他に「物腰がやわらかい」「物やわらかだ」「人柄が丸い」。

「柔《にゅう》和《わ》」

顔立ちや雰囲気がやわらかいこと

語彙レベル ★★☆☆☆

例文

柔和なまなざしの彼女は、若い人から母のように慕われている。

解説 やわらかで和やかな雰囲気。穏やかで落ち着きがある様子。類語としては「温厚」「温和」「穏健」などがあります。

「フレキシブル」

状況に合わせて変えられる、柔軟性を持つこと

語彙レベル ★★☆☆☆

解説 考え方やしくみの調整がききやすいこと。フレックスタイム制があるなど、柔軟に勤務できる職場を表現するのに使われることも多いです。

例文 マニュアルに固執せず、顧客の顔を見てフレキシブルに接客する。

「可《か》塑《そ》性《せい》が高《たか》い」

考え方などが、まだ変わる余地があるさま

語彙レベル ★★★★☆

解説 科学の視点では「固体に力を加えて変形させたとき、その変形が戻らない性質」ですが、日常では「変わる余地がある」という意味で使います。

例文 二十代のうちは可塑性が高いから、転職しても、組織に適合しやすい。

場面
28
勇ましい

アンパンマンのテーマソングに「勇気りんりん」という曲がありましたね。あの「りんりん」は音ではなく、凜々《りり》しく勢いのある様子を言います。

「勇《ゆう》敢《かん》」

大きいものにひるまず立ち向かうさま

語彙レベル
★☆☆☆☆

例文
巨悪にもひるまず、勇敢に立ち向かう。

解説 「敢」の字は「敢えて」と訓読みし、「果敢」「敢闘」といった熟語にも出てきます。厳しい状況に敢えて、果敢に挑んでいくのです。

「凛《り》々《り》しい」

引き締まった、頼もしい態度

語彙レベル
★★☆☆☆

例文
子どもだと思っていたが、いつの間にか凛々しい若者に成長した。

解説 きりりと引き締まった態度。若者の勇ましさを褒める言葉で、壮年・老年の者、むさくるしい雰囲気の人物にはあまり使いません。

「猛《もう》然《ぜん》」 勢いが激しい様子

語彙レベル ★★☆☆☆

例文

次の瞬間、猛然と階段を駆け上がったのである。

解説 急に勢いよく動き出す様子を表し、走ったり追い上げたりする様子に使います。猛々《たけだけ》しく、野性味を感じさせる表現です。

「豪《ごう》胆《たん》」 胆が据わっている様子

語彙レベル ★★★☆☆

例文

甲子園独特の緊張などとは全く無縁の、豪胆な選手である。

解説 度胸が据わっていて、ちょっとやそっとのことでは動じない様子。たくましく、大胆不敵な感じです。

COLUMN 2

英語では別の語源のカタカナ語

空を飛ぶ「fly」と、油で揚げる「fry」、これがどちらも「フライ」になってしまうのが、カタカナ語の困ったところです。ここでは、カタカナでは同じ表記でも英単語としては別物になる単語をまとめました。うっかり同じ単語だと思っていたものはありませんか？

「クラウド」サービス

英語ではCloud service。雲（cloud）の向こうにあるイメージです。近年ではクラウドサービスを利用して、インターネット上にデータを置き、共有・活用することが増えてきました。

「クラウド」ファンディング

英語では、Crowdfunding。群集（crowd）から資金を調達する（funding）という意味の造語です。銀行や投資家から大口の資金を調達するのと違い、インターネット上で支援者を募り、多くの人から少額ずつお金を出してもらうしくみです。

「ファ（ー）スト」フード

英語では、fast food。注文してからすぐに食べられる手軽な食事。早く出てくるので、fast。最新の流行を素早く取り入れるファストファッションも同じ fast です。

「ファースト」クラス

英語では、first class。飛行機の最上級の客席です。1番という意味の first(1st)から。ファースト、ビジネス、エコノミーとランクを置く会社が多いです。

「ドッグイヤー」

英語では、dog year。犬の1年は、人間の7年に当たると言われています。IT業界の技術が進歩するスピードを、犬の成長の速さになぞらえた言葉です。

「ドッグイヤー」

英語では、dog ear。しおりの代わり、あるいは重要点の目印として、本のページのすみを折り曲げること。「ドッグイア（ー）」と書くこともあります。

第3章

的確に状況を言い表す

近年はメールでの報告や相談の機会が増えました。対面や電話なら、表情や声色で伝わる情報もあるのですが、メールでは言葉が頼みです。的確に状況を伝えるには、語彙力が欠かせません。肯定的にとらえているのか、否定的にとらえているのかなど、言葉の選び方でメッセージは変わります。

場面
29

普通

ごく当たり前で、大きな特徴がないのが「普通」。普通を嫌がる人もいれば、普通に憧れる人もいます。そうした認識の違いが言葉のバリエーションになっています。

「一《いっ》般《ぱん》」 特殊でなく、広く言えること

語彙レベル
★☆☆☆☆

例文
企業の週休二日制が一般化したのは意外に遅く、一九九〇年代だ。

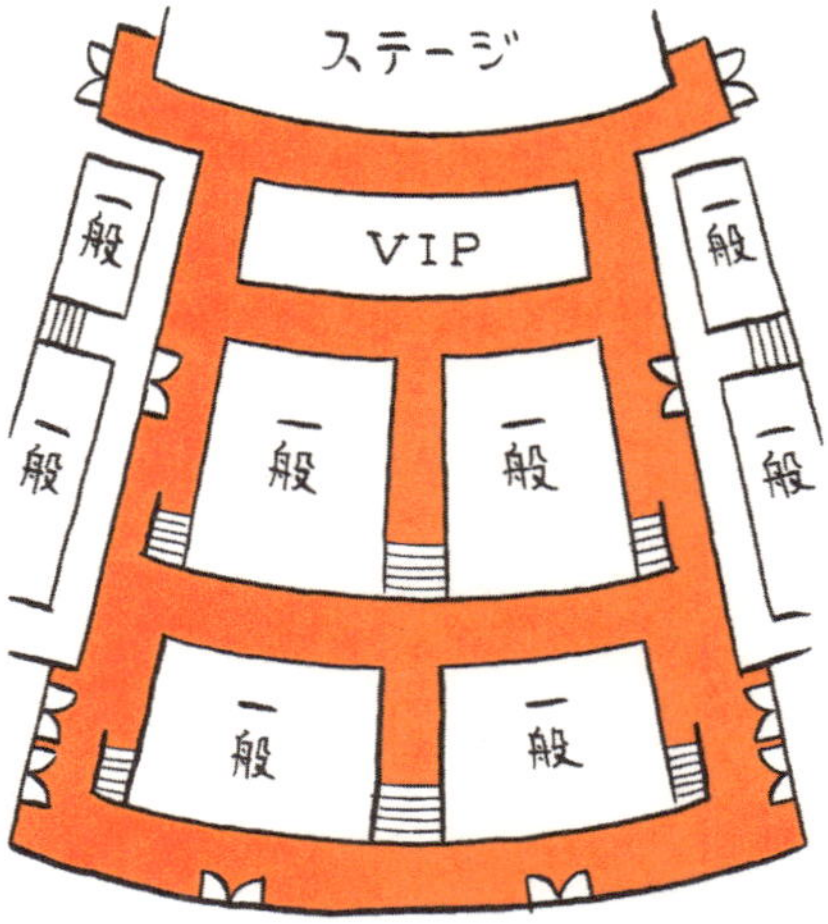

解説
広い範囲で言えること。例外が多少あったとしても、大多数が該当すれば「一般的」と言えます。より厳格に、すべてに共通するのが「普遍的」。

「凡《ぼん》庸《よう》」 平凡で、魅力がとくにないこと

語彙レベル
★★☆☆☆

例文
自分のような凡庸な人間には思いつかないアイデアです。

解説
際立った才能や魅力に欠ける人や物事。平凡。字の似ている「汎用《はんよう》」(一つのものを広く色々な方面に用いること)と混同しないように。

「常套《じょうとう》」

定番のやり方であるが、ありふれていること

語彙レベル ★★★☆☆

例文 常套句ではつまらないので、凝った言いまわしを考え抜いた。

解説 「定番」「オーソドックス」「正統派」などと違い、ありふれた、使い古されたという批判のニュアンスを含みます。常套手段、常套句など。

「おしなべて」

だいたい、総じて言えること

語彙レベル ★★★★☆

例文 昨年立ち上げた新規事業はおしなべて好調である。

解説 押し均《なら》す様子からできた言葉です。現代では、「おおよそ」「だいたい」「概して」などと同じように、全体的な傾向を表すのに使われます。

3. 的確に状況を言い表す

場面30 はじまり

はじまりを表す語には、単に時間的・順番的に最初であることを意味する語もあれば、事の起こり、原因を意味する語もあります。例文で違いを見てみましょう。

「冒頭《ぼうとう》」 文章や会、話などのはじめ

語彙レベル ★☆☆☆☆

例文 会の冒頭で、ご挨拶いただく予定です。

解説 「冒頭で述べた通り」と言えば、その文章のはじめで書いた通り、ということ。「冒頭から」のことを「のっけから」とも言います。

「初手《しょて》」 対策の手はじめ。プロジェクトの初動

語彙レベル ★★☆☆☆

例文 初手を間違うと、解決に時間がかかってしまう。

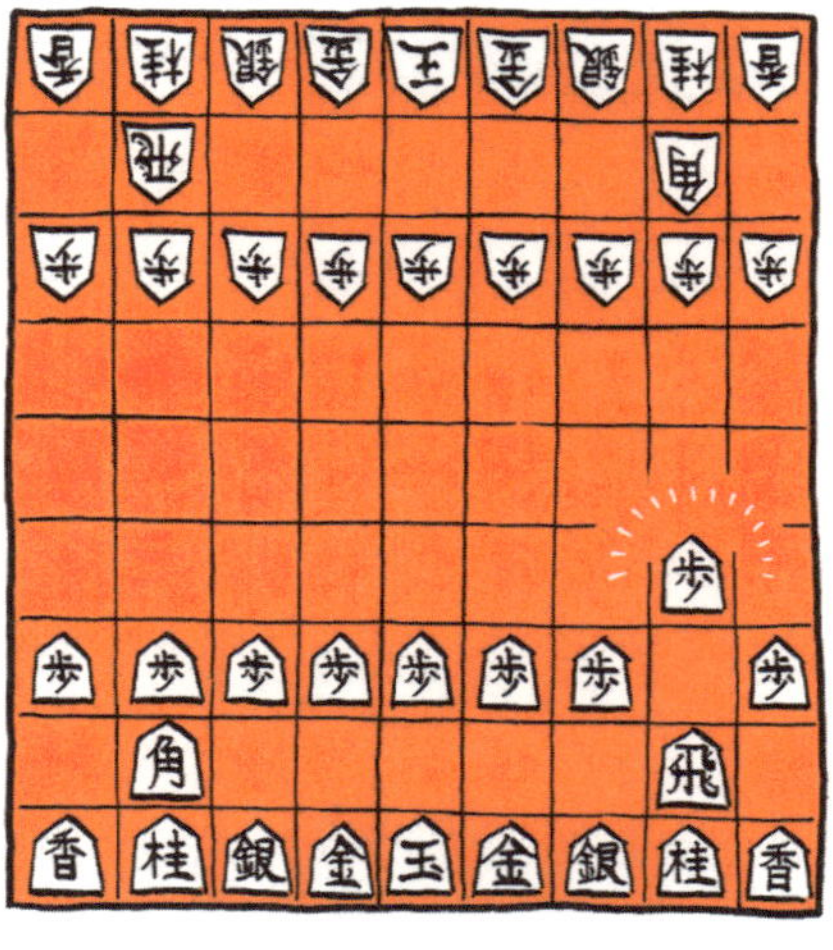

解説 囲碁や将棋の最初の一手のこと。それが転じ、何かに取り組むときの最初のアプローチを意味する言葉になりました。

「端《たん》緒《しょ》」 事の起こり、きっかけ

語彙レベル ★★★☆☆

解説 端《はし》と緒《いとぐち》(糸口＝糸のはし)という似た意味の字を組み合わせた熟語です。なお、「たんちょ」と読む人もいますが、本来は誤りです。

例文 製品Tの共同開発が、今日に至る両社の協力関係の端緒を開いた。

「黎《れい》明《めい》」 新たな文化や領域がはじまり、まだ形にならない頃

語彙レベル ★★★★☆

解説 夜明け、明け方を意味する言葉。まだ日が出ていないことから、ある分野がまだしっかり形になっていない時期のことを「黎明期」と言います。

例文 インターネット黎明期には、今では考えられない利用法が見られた。

場面 31 はやく

決まりごとや指示に書かれていた場合、①至急（ただちに）、②可及的速やかに、③遅滞なく、の順で緊急性が高くなります。

「至《し》急《きゅう》」

非常に急を要すること。
大急ぎで

語彙レベル
★☆☆☆☆

例文
未返却の機材がある場合は、至急、運営本部までご返却ください。

解説　いかなる事情があろうと、間を空けずに、知った瞬間すぐに行動してほしい場合に使われる言葉です。「ただちに」とある場合も同じです。

「程《ほど》なく」

時間をあまり空けないで

語彙レベル
★★☆☆☆

例文
パンフレットも程なくできあがる予定です。

解説　具体的時期は示さないものの、近いうちに。類語に「間もなく」「遠からず」。要求・督促には使わないので、「程なく返せ」とは言いません。

「可及的速《かきゅうてきすみ》やかに」　できるだけはやく

語彙レベル
★★★★☆

例文
可及的速やかに残金をお支払いいただきますようお願いします。

解説　「可及的」は、力の及ぶ限り、という意味。抱えている事情もあり、すぐにはできないかもしれないが、できる範囲で最速で、ということ。

「遅滞《ちたい》なく」　怠慢で遅れることなしに

語彙レベル
★★★★★

例文
お客様の個人情報は、お取り引きの完了後、遅滞なく破棄します。

解説　「遅滞」は進行が滞ること。「遅滞なく」はダラダラしていないで、常識的な範囲で、という意味。規約や手続書類によく使われる言葉です。

場面 32

かんたん

入試が難化した、易化《いか》したなどと言われます。易化という評価でも、自分にとっては難しく感じることも。「かんたん」はなかなか客観的には決めきれません。

「安《あん》易《い》」

たやすいこと。
努力しなくてもできること

語彙レベル
★☆☆☆☆

例文
安易に値下げをすると、利益率が下がるだけだ。

解説 もともとは気楽でのんきな態度という意味でしたが、今では、楽な道を選ぶ、安直でいい加減な態度のこと。非難するニュアンスがあります。

「容《よう》易《い》」

難易度が低いこと

語彙レベル
★☆☆☆☆

例文
すぐに解ける問題であっても、他人に説明するのは容易ではない。

解説 かんたんにできてしまう様子。「容易い」と書かれている場合は「たやすい」と読みます。類義語に「他愛のない」「造作もない」があります。

「朝《あさ》飯《めし》前《まえ》」

その人にはかんたんで、すぐにこなせてしまう様子

語彙レベル ★★☆☆☆

例文

Kさんなら、この程度の仕事は朝飯前なんじゃないの？

解説 客観的な評価というよりは、主観的な感想なので、自分について言った場合は強い自信、他者について言った場合は賞賛が感じられます。

「平《へい》明《めい》」

かんたんで、誰にでもわかりやすい様子

語彙レベル ★★★☆☆

例文

専門的な内容を平明な文章で書いてある、ありがたい本。

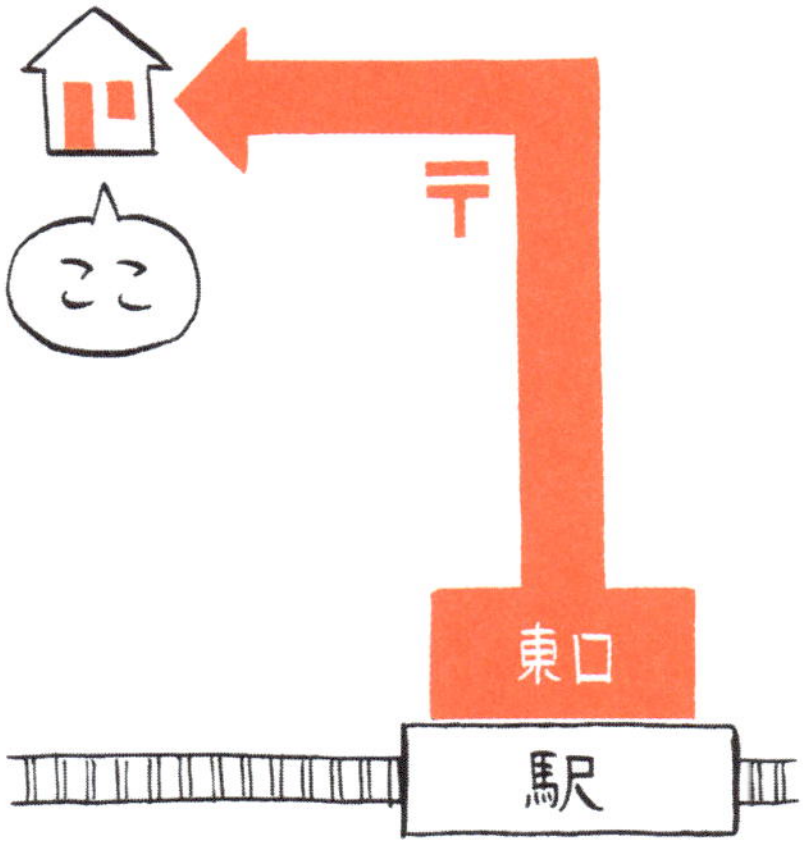

解説 文章や説明が理解しやすいこと。そうした文章の書き手は、読者に配慮し、やさしめに心がけたでしょう。その工夫を評価する言葉です。

場面 33

たくさんある

たくさんあるということがいい場合も、悪い場合もあります。「ふんだんに苺がのったケーキ」は嬉しいですが、「過剰なもてなし」はご遠慮願いたいですね。

「掃《は》いて捨《す》てるほど」

あり余って、もういらないくらい数がある（いる）こと

語彙レベル ★☆☆☆☆

例文

応募者なら掃いて捨てるほどいるが、本気の人間は少ない。

解説 人やものが多いことを表す語ですが、「掃く」「捨てる」という表現からわかるように、非常に多くて、余ってしまう状態です。

「無《む》尽《じん》蔵《ぞう》」

有用なものが、いくらでも取れるほど多いこと

語彙レベル ★★☆☆☆

例文

資源は無尽蔵にあるように感じていたが、もちろんそうではない。

解説 尽きることの無い蔵。元は仏教語で、無限の功徳《くどく》を有する様子を指す比喩でした。今では、資源や資金、知恵、体力などの豊富さを表します。

「潤沢《じゅんたく》」

ものやお金（予算など）が
たくさんあること

語彙レベル
★★★☆☆

例文

潤沢な資金のある研究室がうらやましい。

解説
「潤い」の潤と、「沢山」の沢ですので、イメージしやすいでしょう。ものやお金が多く、物心ともに、ゆとりがある状態です。

「枚挙《まいきょ》にいとまがない」

数えあげると
きりがない様子

語彙レベル
★★★☆☆

例文

Sさんのいいところは、枚挙にいとまがない。

解説
「枚挙」は事例や人の特徴などを、いちいち数えあげてみること。そして、挙げてみると、多くて数えきれないわけです。

場面 34

少し

「わずか」「少々」「多少」「心持ち」「ちょっくら」「やや」「若干」なども「少し」を表す言葉。文の狙いや雰囲気に合わせて選びましょう。

「心《こころ》なしか」 どことなく、少し

語彙レベル ★☆☆☆☆

例文 以前よりも、心なしか上達したような気がします。

解説 「心なし」は「思いなし」とも言い、自分の心だけがそう見なしてしまうこと。もしかしたら自分の錯覚かもしれないが、何となく、少し。

「いささか」 ほんの少しばかり、の古風な言い方

語彙レベル ★★☆☆☆

例文 今度の商談、私一人ではいささか心細いので、ご協力ください。

その男は
いささか乱暴で
……

解説 同じ意味でも古風な語を選ぶと、引き締まった印象になったり、奥ゆかしい雰囲気になったりします。少し→いささか、にもそうした効果が。

「申《もう》し訳《わけ》程《てい》度《ど》」

謝礼などが少ないことを遠慮がちに言う

語彙レベル ★★☆☆☆

例文 ほんの申し訳程度で恐縮ですが、こちら受け取ってください。

解説 「申し訳」は言い訳の謙譲語。ほんの言い訳程度にしかなりませんが、という気持ちです。謝金の封筒には「寸志《すんし》」「薄志《はくし》」などと書きます。

「心《こころ》ばかり」

ほんのわずかだが、自分の気持ちの一端を示すために

語彙レベル ★★★☆☆

例文 心ばかりではございますが、一席設けさせていただきました。

解説 贈り物を渡す際、宴会や会食の機会を設けた際に使います。大したものでないと謙遜しつつ、気持ちだから受けてほしい旨を伝えるのです。

場面35 見せる、示す

同じ「見せる」でも、使われる場面によって単語が限定されてきます。店で商品を見せるために並べるのは「陳列」、弱点を見せてしまうのは「露呈」ですね。

「告《こく》示《じ》する」

公の機関が、一般に向けて知らせること

語彙レベル ★★☆☆☆

例文 二〇一〇年十一月の内閣告示で、常用漢字表が改定された。

解説 公的機関が法令や選挙日時などを知らせること。「○日告示、◎日投票」と聞きますね。ただし、衆院選・参院選の場合は「公示」と呼びます。

「標《ひょう》榜《ぼう》する」

政治的主張、ポリシーなどを公然と掲げること

語彙レベル ★★★☆☆

例文 クリーンな政治を標榜する政党から、スキャンダルが飛び出す。

解説 標識の「標」と、立て札を意味する「榜」を合わせた語（榜は歴史の「五榜の掲示」に出てきますね）です。堂々と掲げ、世に広く示すのです。

「顕彰《けんしょう》する」

善行や功績を広く世に知らしめること

語彙レベル ★★★★☆

例文

住民の避難誘導中に殉職した警察官を顕彰すべく、石碑を建てた。

解説 あまり知られていない善行を、顕《あらわ》に、彰《あきら》かにするわけです。表彰したり昇格させたりする他、像や碑を作ることもあります。

「供覧《きょうらん》に付《ふ》す」

多くの人が見られるようにすること

語彙レベル ★★★★★

例文

当日までに議題を供覧に付す必要がある。

解説 公的機関などで、周知のために書類を回したり共有したりすること。「供覧する」とも。作品を自由に見られるよう展示する場合にも使います。

場面

36

改める、変更する

法律を改めることを「改正」と言います。ただし、野党は「改悪」であると非難する場合があります。物事を改め、かえって悪くしてしまうという意味です。

「修正《しゅうせい》」 間違いを直すこと

語彙レベル
★☆☆☆☆

例文
レジュメに誤字があったから修正しておいて。

解説 間違えている点や不十分な点を直し、正しい状態に持っていくこと。こうあるべきだ、というゴールに持っていく点が「改善」と異なります。

「改善《かいぜん》」 悪いところをよりよくなるよう直すこと

語彙レベル
★☆☆☆☆

例文
食生活を改めることで、体質の改善を図った。

解説 「改善」は、条件や関係、状況などの抽象的なものを前よりもよくすることです。機械や土地などに関しては「改良」を使います。

「一新《いっしん》」 すべてを新しく入れ替えること

語彙レベル
★★☆☆☆

例文
新しいパッケージで、商品のイメージを一新する。

解説 すっかり新しくすること。「刷新」と似ていますが、「一新」は、元のものに不都合があって新しくするわけではありません。

「刷新《さっしん》」 悪いところを全部入れ替え、新しくすること

語彙レベル
★★★☆☆

例文
不祥事が明るみに出たM社は、経営陣を刷新して改革を印象づけた。

解説 「人事を刷新する」のように、人を入れ替えることで、組織を新しい気風にしようとする取り組みについて言うことが多いです。

場面 37
すすめる

「進める」と語源は同じです。行為をするよう勧誘するときには「勧める」、特定の人やものを推薦するときには「薦める」と漢字変換します。

「掘《ほ》り出《だ》し物《もの》」

思いがけなく手に入れた、よいもの。あるいは、安いもの

語彙レベル ★☆☆☆☆

例文
チェーンの新古書店には案外、掘り出し物が眠っているものだ。

解説
予想外の発見の驚き。安いものを見つけたり、よいものが安く買えたりしたときや、意外なところでよいものに遭遇したときにも使います。

「太《たい》鼓《こ》判《ばん》を押《お》す」

自信を持っておすすめすること

語彙レベル ★★☆☆☆

例文
ぜひ使ってみてよ。私が太鼓判を押すわ。

解説
太鼓判は、証明のために押す大きな判のこと。その判を押すかのように、自分が責任を持って、間違いないものとして保証することです。

「推《すい》奨《しょう》」

優れている点を他の人に紹介し、すすめること

語彙レベル ★★☆☆☆

解説 意義やメリット、長所を理解して、ぜひ取り入れるよう助言します。立場や経験、年齢が上の者、権威ある者が、下の者にすすめるイメージ。

例文
常識ではあるが、安価で手軽な勉強手段として、読書を推奨する。

「推《すい》挙《きょ》」

ある人を、信用にたる人物として役割などに推薦すること

語彙レベル ★★★★☆

例文
プロジェクトを立ち上げるから、適任者を推挙してもらいたい。

解説 意味の広い「推薦」と違い、ある人が役職につけるよう推薦するという文脈に限定されます。「吹挙」とも表記。よりかたい言葉には「推輓《すいばん》」。

3. 的確に状況を言い表す

場面

38

元に戻る

ケガに苦しんだ選手が「回復」し、「再起」を図り、チームに「復帰」したものの、完全に「復調」したとは言いがたい。それぞれの使い方の違い、わかりますか？

「回復《かいふく》」

悪化していた健康や業績などが元に戻ること

語彙レベル ★☆☆☆☆

例文

景気もようやく回復の兆しが感じられるようになった。

解説 「少しずつ回復する」のように、完全に戻っていなくても使えます。病気がすっかり治って元気になった場合はとくに「快復」「快気」と言います。

「復旧《ふっきゅう》」

失われていたものが元通りに戻ること

語彙レベル ★☆☆☆☆

例文

濡れて起動しなくなったノートパソコンのデータを復旧してもらう。

解説 旧い状態に復帰すること。マイナスに陥っていたものが、元の状態に戻ったという意味です。とくに電気や道路などのインフラが戻った様子。

「復興《ふっこう》」

衰えたものが、また元通り盛んになること

語彙レベル ★★☆☆☆

解説 一度衰退したり、災害に見舞われたりした状態が元に戻ることですが、ただ元通りになるだけでなく、活気を感じさせる様子になること。

例文 復興支援として、被災地の農産物を積極的に使用する。

「再興《さいこう》」

衰えていたものがまた盛り上がること。再び盛り上げること

語彙レベル ★★★☆☆

解説 家や組織、国家などの勢いを取り戻す様子。再興を叶え、後の時代に続くようにした名リーダーのことを「中興《ちゅうこう》の祖《そ》」と言います。

例文 過疎化に苦しんだ村が、名物のB級グルメで再興した。

場面 39

話し合う

打ち合わせというと少人数のかんたんな話し合いという印象ですが、会議というと、あらたまった感じがします。話し合いにも色々な規模や雰囲気があるのです。

「歓談《かんだん》」 うちとけて楽しく話すこと

語彙レベル ★★☆☆☆

例文 研修の前後で、同期と歓談する機会を持てたのがよかった。

解説 歓の訓読みは歓《よろこ》ぶ。楽しいおしゃべりを歓談と言います。宴席で「どうぞご歓談ください」と言われますね。類語に「談笑」「会話に興《きょう》じる」など。

「直談判《じかだんぱん》」 相手と直接話し、交渉すること

語彙レベル ★★☆☆☆

例文 このままでは埒《らち》があかないので、社長に直談判する。

解説 普通なら仲介役の人を挟むであろう状況で、あえて直接かけ合うこと。似た言葉に「直訴」。直接、上の立場の人に文句や要望を言うことです。

「討議《とうぎ》」

ある議題について活発に意見を戦わせること

語彙レベル ★★★☆☆

例文 二時間に及ぶ討議の結果、彼の提案は却下された。

解説 是か非か結論を出すため、意見の異なる者同士が論じ合うこと。単に集まって相談するのは「協議」、議会で法案を検討するのは「審議」です。

「鼎談《ていだん》」

三者が話し合うこと

語彙レベル ★★★★☆

例文 アジア三カ国の首脳の鼎談で、今後の環境政策が話し合われた。

解説 鼎は古代中国の三本足の金属鍋。そこから三者が向き合う状況を指す言葉になりました。二人なら「対談」、四人以上なら「座談（会）」です。

場面 40 盛り上がっている

何がどのように盛り上がるか、によって表現が違います。場の雰囲気が盛り上がることは「ボルテージが上がる」、試合が緊迫して盛り上がると「手に汗握る」。

「盛《せい》況《きょう》」 会に客が多く集まっている様子

語彙レベル ★★☆☆☆

例文 おかげさまで、シンポジウムは盛況のうちに幕を閉じました。

解説 イベントの来場者が多いこと。常設の店に客が多いのは「繁盛」。何かの会に誘われて断る際は「会のご盛況を祈念いたします」と一言添えて。

「黄《おう》金《ごん》時《じ》代《だい》」 あるものの最も栄えている時期

語彙レベル ★★☆☆☆

例文 CD黄金時代に青春を過ごしたので、楽曲ダウンロードに慣れない。

解説 「ローマ帝国の黄金時代」のように、ある国や民族、会社、個人の栄えた時期を言うのに使われます。物事が最も流行った時期を表すことも。

「たけなわ」

盛んな時期。
とくに宴の盛り上がりのこと

語彙レベル
★★★☆☆

解説 宴をおひらきにする際には「宴もたけなわではございますが」と切り出すのが定番。盛り上がりの最高潮。収束、衰退に向かう前の最盛期。

例文
春たけなわの京都に出かけてみませんか。

「佳境《かきょう》」

物語、演劇が最高潮に達すること

語彙レベル
★★★★☆

解説 クライマックスのこと。作業中に声をかけられて「今、佳境で手が放せないんだ」と言う人がいますが、これは使い方が少しずれています。

例文
ここから話はいよいよ佳境に入ってくる。

3. 的確に状況を言い表す

場面41
見込み、見通し

同じ予想でも、客観的な根拠にもとづく「予測」、個人的な願望や感情を込めた「思惑」など、色々なニュアンスの言葉があります。

「目算《もくさん》」　結果を大雑把に予想すること

語彙レベル　★★☆☆☆

例文　会場の広さから、収容人数は目算が立つ。

解説　細かく具体的には計算せず、おおよその見当をつけること。その見通しで立てた計画が失敗することを「目算が外れる」と言います。

「先見《せんけん》の明《めい》」　物事が起こる以前に見抜くこと

語彙レベル　★★☆☆☆

例文　いち早くこの分野に取り組んだF社は、先見の明があった。

解説　「明」を「目」と間違える人がいます。「明」は将来を見通す賢明さを意味しています。人や企業を評価する言葉として使われます。

「皮《かわ》算《ざん》用《よう》」

実現が未確定なのに、欲張った見通しを立てること

語彙レベル ★★★☆☆

例文

理念はよくても、足元の計画がおろそかだと、皮算用に過ぎない。

解説 まだ狸をとらえてもいないのに、皮を売って儲ける計画を立てるということわざ「取らぬ狸の皮算用」を略した語。浅はかさを非難しています。

「成《せい》算《さん》」

成功する見込み

語彙レベル ★★★★☆

例文

私には、この事業を軌道に乗せる成算があります。

解説 物事をやり遂げられる、いい結果を出すことができる、という見込み。「勝算」とも言います。「精算」「清算」と変換ミスしないように。

場面 42
順調である

「快調」という表現もある通り、順調に事が運ぶのは気持ちのよいものです。滞りなく、つつがなく進んでいる様子から、想定以上の勢いがある様子まで。

「円滑《えんかつ》」 トラブルなどなく、スムースに

語彙レベル ★☆☆☆☆

例文

色々と手配してくれたおかげで、当日は円滑に進めることができた。

解説

円に滑らかという字を組み合わせた熟語。角張った部分のない様子から、邪魔になるものがなく順調に事が運ぶ様子を言うようになりました。

「飛《と》ぶ鳥《とり》を落《お》とす」 勢いがすさまじい様子

語彙レベル ★★☆☆☆

例文

あの飲食店は最近、飛ぶ鳥を落とす勢いで新店舗を出している。

解説

空を飛んでいる鳥さえも落とすほどに人気や権力、事業などに非常に勢いがある様子。類語に「破竹《はちく》の勢い」「昇竜《しょうりゅう》の勢い」があります。

「順《じゅん》風《ぷう》満《まん》帆《ぱん》」

状況と能力が噛み合い、順調に進行する様子

語彙レベル ★★★☆☆

例文
貴社は創業以来、増収増益が続き、実に順風満帆という感じですね。

解説 追い風を受け、帆がめいっぱい膨らむ様子から、時流とも噛み合って、物事が思い通りに運ぶさま。類語に「流れに棹《さお》さす」。

「はかばかしい」

物事が計画通り進んでいること

語彙レベル ★★★☆☆

例文
意気込んでいた割に、作業の進捗ははかばかしくない。

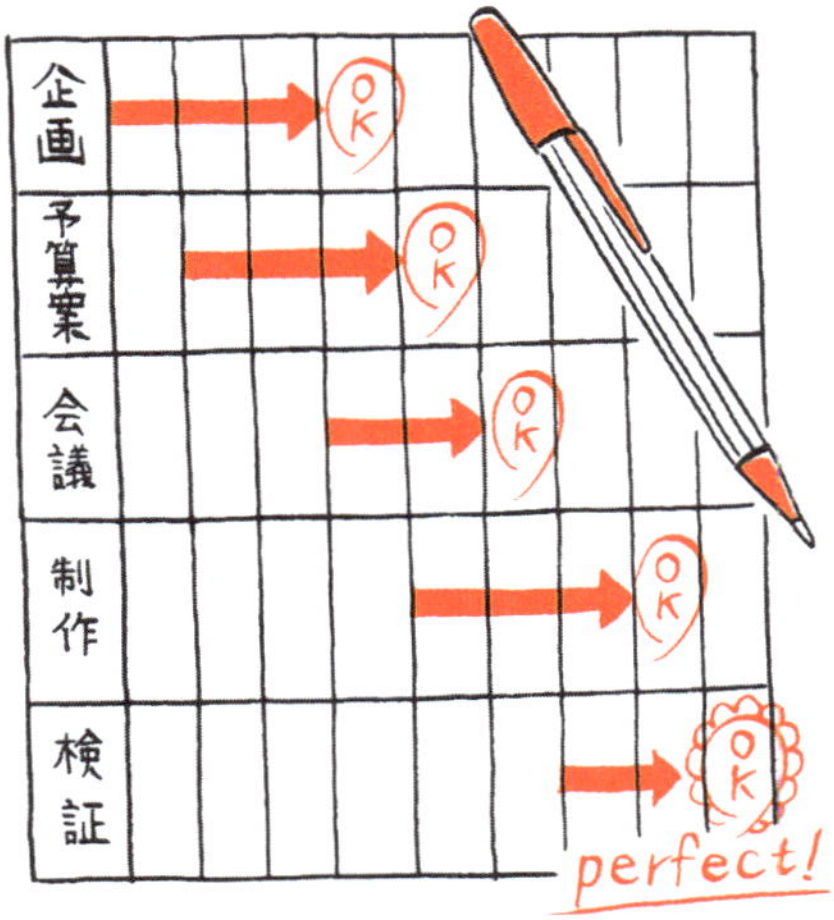

解説 動詞の「はかどる」と同じ語源の言葉です。はかどっている様子。「はかばかしくない」という、打ち消しの形で使うことが多い言葉です。

場面

43

完成・達成

プロジェクト、夢や目標、工事など。長い間それに向け、努力をしてきた場合、ゴールにたどり着いたときには、感慨深いものです。その感動に寄り添う言葉を集めました。

「成《じょう》就《じゅ》」

前からの目標や願いを叶えること。願いが叶うこと

語彙レベル ★☆☆☆☆

例文

目標が成就したので、ダルマのもう片方の目を描いた。

解説 念願が叶うさま。自分自身の力による達成でなくても、「成就」は使えます。お守りにも「心願成就」「学業成就」があります。

「結《けつ》実《じつ》」

努力が結果に表れたり、作品にまとまったりすること

語彙レベル ★★☆☆☆

例文

一年間の海外留学で学んだことが、今回の新作に結実している。

解説 草木が実を結ぶように、積み重ねてきた努力などが、何か具体的な成果につながることを言います。「努力が結実する」など。

「完《かん》遂《すい》」 任務などをやり遂げること

語彙レベル ★★★☆☆

例文

誰もが不可能だと思っていたミッションを、彼は完遂してみせた。

解説 完全に成し遂げること。単に「遂行」というよりも、困難で長期にわたるものをやり遂げた感じが出ます。「かんつい」と誤読する人が多いです。

「落《らく》成《せい》」 建築工事、土木工事が完成すること

語彙レベル ★★★★☆

例文

新社屋が落成したので、関係者を招いて披露パーティーを開催した。

解説 類語には「竣工」「完工」があります。ビルや施設が完成すると、落成式、竣工式を行いますね。

場面

44

わかっていること

「わかる」と「できる」は違います。表面的に理解しただけでは不十分で、自分で実践することはできません。ここには「できる」をともなう「わかる」を集めました。

「熟《じゅく》達《たつ》」

ある分野や技能に精通し、修練を積んでいること

語彙レベル ★★☆☆☆

例文 ここ数年で、熟達した技術者が一斉に退職してしまった。

解説 長年の訓練によって、複雑な手順やセンスを求められる技術に習熟し、うまく扱えるようになった様子を言います。熟練の腕前。

「分《ふん》別《べつ》のある」

常識を十分にわきまえているさま

語彙レベル ★★★☆☆

例文 いい大人なんだから、それくらいの分別はあるだろうに。

解説 「ぶんべつ」は、ゴミを種類別に分けるようなイメージですが、「ふんべつ」と読んだ場合、人として常識的な判断ができる様子になります。

「会得《えとく》」

そのものの意味を理解し、自分のものにすること

語彙レベル ★★★☆☆

例文

営業職の長い彼は、初対面の人との距離の縮め方を会得している。

解説 本質や核心まで摑み、なるほどと悟ること。長年の経験、訓練、修業を通して、真理を体得することを言います。

「得心《とくしん》」

理屈でも感情でも納得していること

語彙レベル ★★★★☆

例文

得心するまで、何度でも説明したほうがいい。

解説 よくわかっていること。単に頭で理解しているというだけでなく、心の底からきちんと認め、受け入れる様子です。類語に「納得」「合点」。

場面

45

影響力を発揮する

権力と権威、似た言葉ですが、実は影響力を発揮できる理由が違っています。リーダーが身につけたいのは……？

「鍵《かぎ》を握《にぎ》る」

事態を左右する決め手になること

語彙レベル ★☆☆☆☆

例文

プロジェクト成功の鍵を握るのは、現場スタッフの士気である。

解説 鍵となる人物は「キーマン」「キーパーソン（キーパースン）」と呼ばれます。「行方を握る」「運命を決める」などとも表します。

「権《けん》力《りょく》」

強制的に他者を従わせる力

語彙レベル ★★☆☆☆

例文

役職に就いたからといって、権力を振りかざしてはいけない。

解説 武力・暴力や金、役職を元にした力。権力の元では下の人は本心から進んで従うのでなく、仕方なく言うことを聞くのです。

「台《たい》風《ふう》の目《め》」

激動の事態の中心にいること

語彙レベル ★★★☆☆

解説 まるで嵐のような激動の事態に陥ったとき、その混乱を引き起こしたり、その行方に決定的な影響を与えたりする人やもののことです。

例文 今後の政界再編では、例の新党が台風の目になるだろう。

「権《けん》威《い》」

周囲に能力などを認められた者が、他人を自分に従わせる力

語彙レベル ★★★★☆

解説 「○○学の権威」と言えば、その学問分野で実力を持ち、誰もが認める大家のこと。その人を尊敬しているからこそ、人々は従うわけです。

例文 芥川賞は、小説家に与えられる新人賞の中で最も権威がある。

場面46 金額が安い

あなたは八〇〇円のランチを高いと思いますか？ 安いと思いますか？ 人の感覚はそれぞれです。「安い」にも人の感覚や価値観が関係するのです。

「お値《ね》打《う》ち」

値段が安く、お得な商品

語彙レベル ★☆☆☆☆

例文 お値打ちの品を多数取りそろえてお待ちしております。

解説 主観的な印象として、お買い得だと感じる値段。百貨店などでは、上品に「お求めやすい価格」という言い方をすることもあります。

「リーズナブル」

品質から考えて納得できる、手ごろな値段である様子

語彙レベル ★★☆☆☆

例文 国産品でそろえている割には、リーズナブルな値段で買い物できる。

解説 英語のreasonは、「理由」以外に「論理的に考える」という意味があります。論理的に理解できる、妥当な、納得のいく値段である様子。

「安《やす》手《で》」

値段が安い分、品質もよくないもの

語彙レベル ★★★☆☆

解説 安いだけでなく、安っぽいもの。「安かろう悪かろう」とも言われます。「安手の小説」などと言う場合は、粗悪で低級なもの。チープ。

例文 通販で買った服が、いかにも安手の生地で失望した。

「低《てい》廉《れん》」

ものの値段や報酬などが安いこと

語彙レベル ★★★★☆

解説 「廉価」という言葉もあるように、「廉」も安いという意味の字。客観的な印象を与える言葉なので、法的な文脈や、かたい文章で使われます。

例文 低廉な賃金では、優秀な人材は雇えない。

場面

47

物事のわけ

「成功したのはあなたのせいです」と言われると、変な感じがします。やはり「あなたのおかげです」でしょう。同じ理由でも肯定・否定で言い方が変わるのです。

「根《こん》拠《きょ》」

言動を支える理由

語彙レベル ★☆☆☆☆

例文 主張には必ず根拠を添えて書くようにしましょう。

解説 意見などの根っこになる、依拠すべき証拠や情報。類義語に「拠りどころ」「裏づけ」「徴証」があります。

「道《どう》理《り》」

物事のあるべき筋道。人間として正しい道

語彙レベル ★★☆☆☆

例文 そのやり方は……。もう少し人としての道理をわきまえろよ。

解説 筋道や理屈。また、理路整然と説明できるような、正しく堂々としたやり方のこと。「それは道理（＝もっとも）だ」という使い方もします。

「内情《ないじょう》」

外の人は知らない、組織などの内部事情

語彙レベル ★★☆☆☆

例文

政治家秘書を長年務めたA氏が、政界の内情を暴露する本を出した。

解説 組織や業界の中の人なら知っている、内部の状況。とくに、表に出さないほうがよい（出せない）生々しい事情、不適切な情報のことを言います。

「所以《ゆえん》」

理由。歴史的ないわれや背景事情

語彙レベル ★★★☆☆

例文

これが、我が社が鉄鋼生産を中心とするようになった所以である。

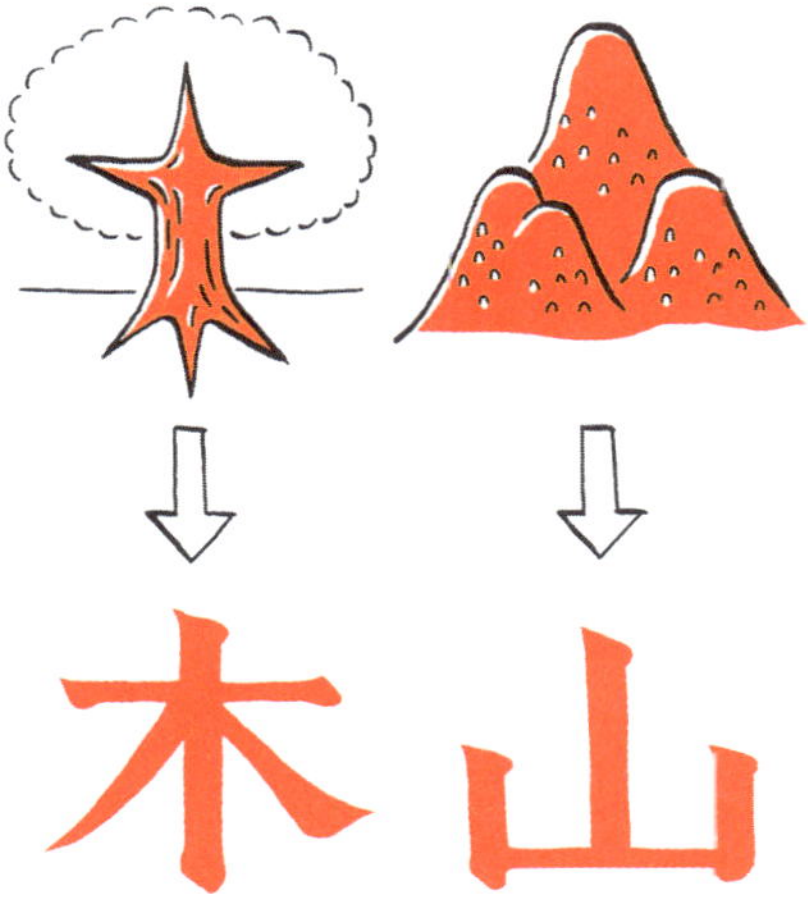

解説 「人の人たる所以」と言うときのように、単に「理由」という意味でも使いますが、「由縁」とも書き、歴史的なゆかりを言うこともあります。

場面48 習わし

長年にわたって繰り返し行われると、習わしになります。よき「伝統」は大切にすべきですが、進歩を妨げる「旧《きゅう》弊《へい》」に成り果てていたら、困りものですね。

「恒《こう》例《れい》」

決まって行われる儀式やイベント

語彙レベル ★☆☆☆☆

例文 毎年恒例となりました夏のセールのご案内です。

解説 「恒常的」「恒温動物」など、変わらずいつも同じである様子を表す「恒」。それに「例によって」「例のごとく」の「例」を組み合わせた語。

「慣《かん》行《こう》」

ある業界や会社で習慣・通例となっていること

語彙レベル ★★☆☆☆

例文 当然のように行われているが、あの取引慣行は合理的とは言えない。

解説 一般的な商取引のあり方とは別に、各業界で当然視されるしくみや習慣。明文化されていないことが多く、他業界から来ると厄介です。

「美《び》風《ふう》」

美しい風習。
地域や組織のよい風土

語彙レベル
★★★☆☆

解説 明文化されずとも受け継がれる、その地の習慣、雰囲気があります。それが好ましい、よいものである様子。「美俗」「良風」「良俗」とも。

例文
社名や体制が変わっても、我が社の美風は守っていきたい。

「悪《あく》弊《へい》」

前から続いている悪い習慣

語彙レベル
★★★★☆

解説 弊の字は「弊害」「病弊」と使われるように、害を意味します。害にしかならない、悪い習慣のこと。「因習《いんしゅう》（因襲）」「陋習《ろうしゅう》」も同じです。

例文
我々の代で、一気飲みの悪弊は断ち切らなくてはならない。

場面

49

受け継ぐ

伝統を受け継ぐのはいいことですが、ただ同じようにやるだけで、工夫をしない態度は感心しません。世襲議員が批判されやすいのも、これが理由ですね。

「模《も》倣《ほう》」

独自の工夫などを施さず、他人のものをそのままコピーすること

語彙レベル ★☆☆☆☆

例文 子どもは周囲の大人の言動を模倣することで、言語と習慣を学ぶ。

解説 「模倣」の対義語は「創造」です。ただし、自分なりのものを創るにも、土台には模倣で学んだ蓄積があると反論する人もいます。

「襲《しゅう》名《めい》」

歌舞伎や落語などで、先代の名前を受け継ぐこと

語彙レベル ★★☆☆☆

例文 大きな名跡を継ぐ歌舞伎役者は、盛大に襲名披露興行を行う。

解説 伝統芸能の世界では、親や師匠などの芸名を継ぐ慣習があります。名前を受け継ぐだけでなく、先代の芸を継承するという意味も持ちます。

「踏《とう》襲《しゅう》」 前のやり方を受け継ぐこと

語彙レベル ★★★☆☆

例文
基本的には前任者のやり方を踏襲するが、省ける無駄は省いていく。

解説
先人のやり方や考え方を変えずにそのまま継承すること。かつて「ふしゅう」と読み間違えた政治家がいましたので、ご注意ください。

「剽《ひょう》窃《せつ》」 盗作、無断借用すること

語彙レベル ★★★★☆

例文
レポートでの剽窃は、試験のカンニングと同様の罪である。

解説
他人の作品・論文から文章やアイデアを盗み、自分のものとして発表すること。引用なら引用のルールを守って書かなくてはなりません。

場面

50

戦い、争う

「たたかふ」は、「たたく」を何度も繰り返す（＝「ふ」）ことから生まれた言葉です。敵をたたきのめす戦いも、困難や己の弱さを乗り越える戦いもありますね。

「闘《とう》争《そう》」

相手を倒すために徹底的に戦う様子

語彙レベル
★☆☆☆☆

例文
彼らの権力闘争で、社内に多くの軋轢《あつれき》が生まれた。

解説
「闘争心」「闘争本能」などと使うように、戦意が全面に出る言葉です。「賃上げ闘争」のように、社会運動・労働運動にも使います。

「競《きょう》合《ごう》」

一つの物事に複数の者が競り合うこと

語彙レベル
★★☆☆☆

例文
競合他社の商品も十分に研究しなくてはならない。

解説
同じ分野や地域で競い合う様子。個人同士が競い合っている場合は「張り合う」と言うことが多いです。

「係争《けいそう》」　訴訟などで法的に争うこと

語彙レベル
★★★☆☆

解説　当事者間での争い、とくに訴訟を起こし、裁判で争う様子です。なお、領有権を巡って国家間で対立が生じている土地を「係争地」と言います。

例文
係争中の事案ですので、コメントは差し控えます。

「拮抗《きっこう》」　争う者の力が同じくらいである様子

語彙レベル
★★★★☆

解説　対抗する二者の実力に差がない様子を表し、「互角」「実力伯仲《じつりょくはくちゅう》」「甲乙つけがたい」などとも言います。

例文
米国では共和党と民主党が拮抗し、二大政党制が機能している。

場面 51

まだないものを考える

想像を膨らませたり、壮大なビジョンを思い描いたりする人もいれば、よからぬたくらみをする人もいます。夢想癖・妄想癖を持っている人も……。

「構《こう》想《そう》」

芸術作品や壮大な計画について考えること

語彙レベル ★★☆☆☆

例文 ヒットを飛ばしたA監督であるが、早くも、次回作を構想中らしい。

解説 構の字には「構造」という熟語がありますが、この「構想」も、構造＝骨組みを形作っていくイメージの言葉です。

「目《もく》論《ろ》見《み》」

何らかの利を狙って計画を立てること

語彙レベル ★★☆☆☆

例文 一攫千金を狙ったが、その目論見は見事に外れた。

解説 囲碁で、対局中に目を計算することを「目論見」と言いました。そこから広がり、勝利や成功、利益を狙って計略を巡らすという意味に。

「謀略《ぼうりゃく》」

よからぬことをたくらみ、企てること

語彙レベル
★★★☆☆

例文

我々は、敵の謀略にまんまと乗せられてしまったのだ。

解説 謀の訓読みは「はかりごと」。「陰謀」「策略」とも。集団において自身の出世を図るために謀略を巡らすのを「権謀術数《けんぼうじゅっすう》」とも言います。

「白昼夢《はくちゅうむ》」

非現実的な空想、妄想

語彙レベル
★★★★☆

例文

彼らはまるで、白昼夢でも見ているかのようにぼんやり立っていた。

解説 白昼は真昼のこと。目が覚めた状態で、空想が現実味を帯びて感じられる様子。また、非現実的な空想にふけって放心状態になること。

COLUMN 3

混同しやすい四字熟語

四字熟語には、教訓や状況が簡潔に表されています。文章やスピーチに取り入れると、知的で、引き締まった印象になります。ただし、書き間違えたり、意味を誤解していたりしたら、かえって恥をかくことになりかねません。

ここでは、他の四字熟語やことわざ・慣用句・故事成語と混同しがちな言葉を集めました。

「君子豹変《くんしひょうへん》」

本来は「立派な人は過ちを自覚するとすぐに、きっぱりと善に改める」というよい意味でした。君子は、徳の高い人格者のことです。「自分の都合ですぐ態度を一変させる」という悪い意味に使う人が増えているのは、朝に出された命令が、夕方にはもう変わってしまうことを言う「朝令暮改《ちょうれいぼかい》」と混同しているのかもしれません。

「七転八倒《しちてんばっとう》」

七回転んで八回倒れる、と書きます。尋常ではない苦痛により、転げ回って苦しむ様子を表現しています。これを「七転《ななころ》び八起《やお》き」（七転八起《しちてんはっき》）と間違えて使っている人を見かけます。こちらは、七回転んでも八回起きるわけですから、転んでもあきらめずに立ち上がる精神を表した言葉ですね。

「画竜点睛《がりょうてんせい》」

竜を描いていて最後に瞳（睛）を描き加えたら、その竜がたちまち空に昇ったという中国の故事からできた言葉です。事を完成するために最後に加える大切な仕上げのことを言い、「画竜点睛を欠く」（肝心な仕上げができていない）という使い方をします。「蛇足《だそく》」と勘違いして、余計なことだと思わないようにしましょう。

第4章

否定的な内容を伝える

誰かに反論するとき、何かを指摘するときこそ、言葉の選び方が重要です。必要以上に相手を傷つけたり怒らせたりはしたくないものです。問題を正しく解決するためにも、ちょうどいい表現ができるようにしたいものです。大人ならではの婉曲的な話し方も学びましょう。

場面

52

知識がない

知識がないことを日常的に「バカ」と言うことがありますが、あらたまった場で「私バカなので」と言うと、それこそ「バカ」だと思われかねませんので、ご注意を。

「未《み》熟《じゅく》」

その分野の初心者で、まだあまり知らないさま

語彙レベル
★☆☆☆☆

例文

未熟者なので、皆さまにご迷惑をおかけすることがあると存じます。

解説

果物がまだ熟さないように、技能や教養が熟練せず、一人前とは言えない状態です。「未熟者」の類語には「若輩者」「不慣れ」があります。

「明《あか》るくない」

特定の分野に詳しくない、疎いこと

語彙レベル
★★★☆☆

例文

若者のＳＮＳ事情には明るくないので、教えてもらえませんか。

解説

道をたずねられて知らない場合にも「このあたりには明るくなくて」と言います。事情が見えていることを「明るい」と表すのです。

「浅学《せんがく》」

学問に欠けること。知識が浅いこと

語彙レベル ★★★★☆

例文 浅学の身ですので、間違ったことも申し上げるかもしれません。

解説 学問や知識が不十分であること。よく「浅《せん》学非才《がくひさい》（浅学非才）」という四字熟語の形で、自分は無知無能であると謙遜するのに使います。

「無知蒙昧《むちもうまい》」

知識もなく、道理もわきまえない様子

語彙レベル ★★★★★

例文 国民が無知蒙昧の状態では、民主主義は機能しない。

解説 「無知」（知識がない）と「蒙昧」（学問がなく、道理を理解していない）を組み合わせ、愚かさをひたすら強調する言葉です。

場面 53
考えが甘い

生来の性質として、楽観的だったり、集中力が途切れがちだったりする人もいますが、おごり高ぶった結果、見通しが甘くなってしまう人もいます。

「油断《ゆだん》」

気を抜いて不注意な状態になること

語彙レベル ★☆☆☆☆

例文

ほんの少し油断した隙に、逆転を許してしまった。

解説 高をくくって、気を抜いてしまう様子です。「油断大敵」という四字熟語があるように、油断して注意を怠ると、痛い目を見るものです。

「軽率《けいそつ》」

十分に考えずに慌てて行動すること

語彙レベル ★★☆☆☆

例文

私の軽率な行動で、皆さまにご迷惑をおかけし、申し訳ありません。

解説 対義語は「慎重」。よく考えることなしに、軽々しく行動してしまう様子です。類語に「軽はずみ」「軽々しい」「そそっかしい」など。

「迂《う》闊《かつ》」

心が行き届かず、
うっかりしている様子

語彙レベル
★★★☆☆

例文

緘《かん》口《こう》令《れい》が出ていたのに、迂闊にも口を滑らせてしまった。

解説

集中力に欠けたり、心の準備が十分にできていなかったりする様子を言います。自分の過ちを反省したり謝罪したりする際によく使います。

「慢《まん》心《しん》」

おごり高ぶって、
自分の欠点などを見過ごす状態

語彙レベル
★★★☆☆

例文

一度うまくいったがために、どこかで慢心していたのかもしれない。

解説

内心で自分のことをすごいと思い、自慢すること。「うぬぼれ」「自信過剰」「過信」「思い上がり」とも言います。油断につながる自信です。

場面54

好ましくない性格

小説やドラマなどに必ず登場する嫌なヤツ。その類型を取り上げます。皆さんはこれらの語を反面教師にしてくださいね。

「卑怯《ひきょう》」 心が弱く、ずるい手を使う様子

語彙レベル ★☆☆☆☆

例文 確かに違法ではありませんが、少々卑怯なやり方かと……。

解説 正々堂々と臨まない様子。なお、現在では「姑息《こそく》」も「卑怯」という意味で使われていますが、こちらは本来「一時しのぎ」という意味でした。

「下種《げす》」 品性が下劣であること

語彙レベル ★★☆☆☆

例文 お前がそのような下種な根性のヤツだと思わなかった。

解説 身分が卑しいという意味の語でしたが、今では、心根が卑しく、下品な人間であることを非難する意味で使われています。

「意《い》地《じ》汚《きたな》い」

食い意地や物欲が盛んで、下品である様子

語彙レベル ★★☆☆☆

解説 欲深く、浅ましい様子。同じ食欲があるのでも、「食欲旺盛」「食べ盛り」ならいいのですが、「意地汚い」のは感心しませんね。

例文 何でも経費で落とそうとするのは意地汚いよ。

「底《そこ》意《い》地《じ》の悪《わる》い」

表面にはっきり出ていないが、内心、性格が悪い様子

語彙レベル ★★★☆☆

解説 今では「腹黒い」と言うことが多いかもしれません。奥底の根本的な部分に意地悪さがあること。何となく、不気味な意地悪さを感じる様子。

例文 どれほど取り繕っても、底意地の悪さは隠し切れないものである。

場面 55

いい加減さを非難する

日常語では「いい加減だ」「テキトーだ」「なぁなぁ」などと表現されますが、クレームを入れる際などには、少しあらたまった言葉で伝える必要があるでしょう。

「だらしない」 いい加減な性格

語彙レベル ★☆☆☆☆

例文
数分遅刻するとか、何かにつけて彼はだらしないんだ。

解説 特定の事柄に限らず、締まりがない態度を言います。身なりなどがだらしない様子は、古風な言葉で「しどけない」とも言います。

「杜撰《ずさん》」 取り扱いが雑で、誤りが多いこと

語彙レベル ★★☆☆☆

例文
彼はどうも仕事が杜撰なので、仕事を一人では任せられない。

解説 杜黙という人の詩作（＝撰）が、定型詩の規則を守らないものであったことからできた言葉。文章や管理などがいい加減で、ミスの多いこと。

「なおざり」

不誠実な態度で、
ろくにやろうとしないこと

語彙レベル
★★★☆☆

例文

普段、事務作業をなおざりにしていたツケが、月末にまわってくる。

解説

「おざなり」が、やるだけはやるのに対し、本気でやろうとさえしないのが「なおざり（等閑）」。類語に「ないがしろ」があります。

「おざなり」

やってはいるが、
その場しのぎであること

語彙レベル
★★★★☆

例文

締め切りが近いからって、おざなりな出来では困ります。

解説

漢字では「御座成り」。遊女がお座敷をそれなりにこなす様子からできた言葉です。一応やるものの、楽にこなそうとする様子です。

場面
56
相手の非を指摘する

官公庁や企業の処分に「戒告」「譴責《けんせき》」があります。解雇や停職・減給よりも軽い処分で、口頭などで戒めること。顛末書や始末書を出させる場合もあります。

「非難《ひなん》する」

悪い点を指摘し、責めること

語彙レベル ★☆☆☆☆

例文
たび重なる納期の遅れを、厳しく非難する。

解説 「批難」とも書きます。欠点や過失を厳しく責め立てること。「批判」よりも感情的に拒否する印象があります。類語に「叱責」「難詰」。

「批判《ひはん》する」

長短の両方を見据えて論じる。あるいは単に、悪く言う

語彙レベル ★★☆☆☆

例文
専門家の視点での建設的な批判を頼みたい。

かんき電器
ハンドクリーナー
★★★★★
￥8,750
悪い点
吸引力が高いためか使用時の音が大きい。少し重い。
良い点
ふとんクリーナーとして使えるのが便利。水洗いできるところも有り難い。

解説 否定するという意味で使われる場面も多いですが、本来の批判的思考（クリティカル・シンキング）は、論理的・多面的に検討する姿勢です。

「あげつらう」

些細な非をことさらに指摘すること

語彙レベル ★★★☆☆

例文

欠点ばかりをあげつらう姿勢はどうなんでしょうか。

解説 漢字では「論う」。元来、物事の理非や可否を論じることでしたが、今では揚げ足取りのように、細かいことをいちいち言うことになりました。

「糾《きゅう》弾《だん》する」

激しく詰め寄り、問いただすこと

語彙レベル ★★★☆☆

例文

不祥事が発覚し、マスコミは経営陣を厳しく糾弾した。

解説 責任や罪状を問いただすために、厳しい態度で詰問し、とがめること。詰問。追及。「糺弾」と書くこともあります。

場面

57

迷う

心が定まらず、揺れ動く状態。決断できないでグズグズ悩んだり、踏み出せないでウジウジひるんだりする心理です。ここに挙げた以外には「逡巡《しゅんじゅん》」「尻込み」など。

「堂《どう》々《どう》巡《めぐ》り」

同じようなことを迷い悩み、進展しないこと

語彙レベル ★☆☆☆☆

例文

会議室に集まって二時間になるが、堂々巡りで何の成果も出ていない。

解説 心願成就のため、寺社のお堂の周囲を何度も巡るのが、元来の「堂々巡り」です。そこから転じ、考えが同じところを巡り続けるという意味に。

「優《ゆう》柔《じゅう》不《ふ》断《だん》」

グズグズ悩んでばかりで、決断のできない性格

語彙レベル ★★☆☆☆

例文

告白は怖い？ そんな優柔不断な態度だから、彼女ができないんだ。

解説 「優しい」「やわらかい」と言うとよさそうですが、「優柔」の語になると、はっきりせず煮え切らない性格という意味に。決断力不足の様子。

「天秤《てんびん》にかける」

二者で決めかね、優劣などを比較して悩むこと

語彙レベル ★★☆☆☆

解説 比較する様子を、天秤で重さをはかることにたとえています。なお、「両天秤をかける」と言うと、恋愛などで二股をかけている状態。

例文 もはや結婚と仕事を天秤にかける時代ではなくなっている。両立だ。

「躊躇《ちゅうちょ》する」

決めかねて、ためらうこと

語彙レベル ★★★☆☆

解説 同じ字で「躊躇《ためら》う」とも読みます。悩んでグズグズしてしまう様子です。類語に「煮え切らない」「二の足を踏む」など。

例文 乗るか乗らないか躊躇しているうちに、ブームは終わってしまった。

場面 58 弱い

同じ「弱い」でも、「意志が弱い」「か弱い」「弱いところを突かれた」では少しずつ意味が違います。今回はそれぞれに対応する熟語を集めました。

「虚弱《きょじゃく》」 身体が弱いこと

語彙レベル ★★☆☆☆

例文

両親は、虚弱体質を克服させるため、私に空手を習わせたのです。

解説 胃腸が弱く、食が細い。痩せ過ぎていて疲れやすく、すぐ風邪を引いたり熱を出したりする。そんな子どもを、虚弱体質と呼びます。

「弱体化《じゃくたいか》」 組織などが弱くなってしまうこと

語彙レベル ★★☆☆☆

例文

農協などの組織が弱体化し、選挙結果が読めなくなってきた。

解説 組織などの体制が弱っていくこと。形だけ残って、中身がともなわなくなる状況は「形骸化《けいがいか》する」「空洞化する」とも呼びます。

「薄《はく》弱《じゃく》」

決心や証拠が確かでなく、揺らぎやすいこと

語彙レベル ★★★☆☆

例文
意志薄弱なので、自力での禁酒・禁煙はできないと思う。

解説 この語を見ると、私は、夏目漱石『こころ』で、Kの遺書にあった「自分は薄志弱行で……」という言葉を思い出します。頼りない状態。

「脆《ぜい》弱《じゃく》」

もろくて弱い部分、欠陥のこと

語彙レベル ★★★★☆

例文
サイトに顧客情報流出につながる脆弱性があることが指摘された。

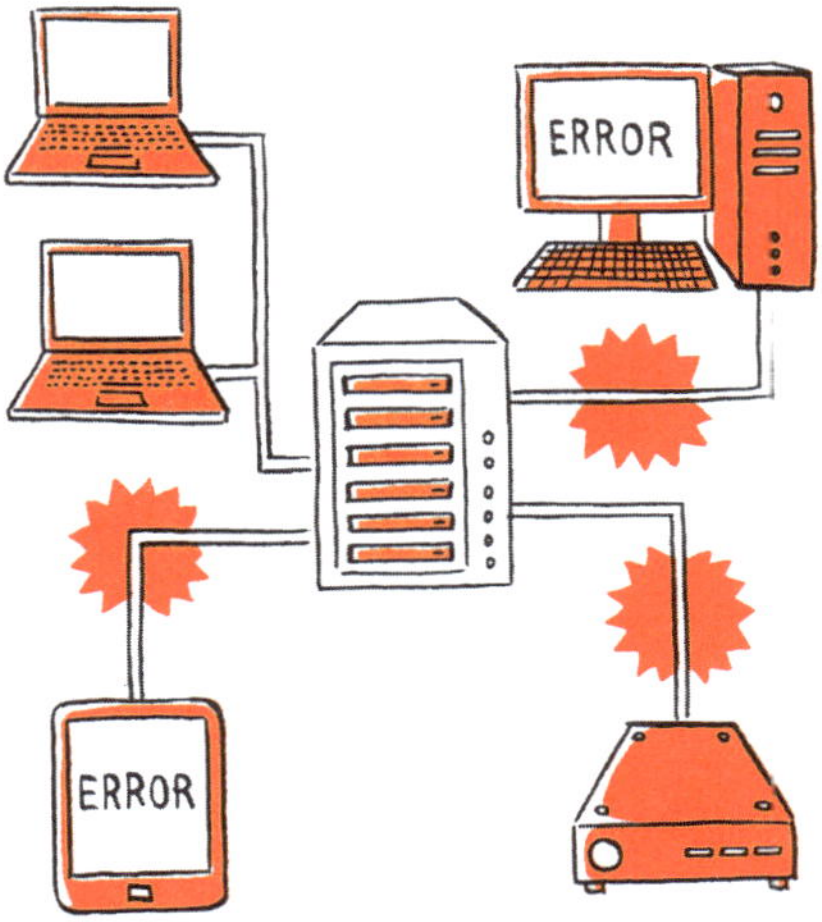

解説 具体的には、組織・チームの中の弱い部分、コンピューターのOSやソフトなどの侵入されかねない欠陥を言います。

場面 59 よくない発言

インターネットの発達した現代、不用意な発言をすると、すぐに拡散され、炎上します。本当に不適切な発言であれば、訂正や謝罪をしなくてはなりません。

「暴《ぼう》言《げん》」

乱暴で、相手を傷つける無礼な言葉

語彙レベル ★☆☆☆☆

例文 飲食店のスタッフに暴言を吐く人は、信用ならない。

解説 礼を失した乱暴で、汚い言葉。相手を傷つけそうなことや相手に対して無礼であることをわかったうえで、ひどい言葉をぶつけること。

「失《しつ》言《げん》」

本来言うつもりではなかったが、ついうっかり出た発言

語彙レベル ★★☆☆☆

例文 心ならずも失言をいたしました。お詫び申し上げます。

解説 つい勢いで言ってしまったこと。謝罪の際には「心ならずも」（本心ではないのですが）と弁解することが多いです。

「妄言《もうげん》」

根拠のない思い込みによる発言

語彙レベル
★★★☆☆

例文

科学的根拠のない彼の妄言のせいで、風評被害がひどい。

この水晶を買わないと不幸になるのよ……

解説 「妄想」「妄念」の「妄」の字です。とくに根拠や理屈もないのに、むやみやたらに言い散らす様子を「妄言」と言います。でまかせ。

「放言《ほうげん》」

思いのままの、勝手気ままな発言

語彙レベル
★★★★☆

例文

お酒が入っているにしても、あれだけの放言三昧《ほうげんざんまい》は聞き苦しい。

社長〜給料上げてくださいよ〜
部長〜仕事減らしてくださいよ〜

解説 奔放に自由気ままな発言をすること。誰かの気持ちを忖度《そんたく》したり、常識にとらわれたりせず、暴言でも何でも思いついたままにしゃべります。

場面 60

生意気

自分の年齢や立場をわきまえず、偉そうに（あるいは知識などをひけらかして）振る舞う態度が、小憎《こにく》らしく感じられる様子です。

「小《こ》賢《ざか》しい」

利口ぶって悪知恵などを働かせる様子

語彙レベル ★★☆☆☆

例文 実直だが、不器用なAと違って、Bは小賢しく立ち回っている。

解説 賢いには賢いのですが、しゃしゃり出る感じ、利口ぶる感じがあって、素直に評価しがたい様子です。抜け目のない子ども、若手に使います。

「差《さ》し出《で》がましい」

自分の分を越えた行為や発言をする状況

語彙レベル ★★★☆☆

例文 差し出がましいことを言うようで恐縮なのですが……。

解説 自分の範囲を出て、他人の領域にずけずけ入っていくような感じを言います。不必要に他人のことに関与しようとする、お節介な姿勢です。

「不《ふ》遜《そん》」

謙遜せずおごり高ぶっている態度

語彙レベル ★★★☆☆

解説 謙遜をせず、控えめな姿勢のない、思い上がった態度です。天狗。類語に「居《い》丈《たけ》高《だか》」（人を威圧する）、「ふてぶてしい」（振る舞いが図太い）など。

例文 不遜な振る舞いをしていると、敵を作ることになるよ。

「したり顔《がお》」

得意げな顔をすること

語彙レベル ★★★★☆

解説 今の関西弁なら「ドヤ顔」。「どうや」と自慢げに笑う感じです。元の語も「してやったり」から来ています（「知った顔」とは違います）。

例文 営業トークをするときに、したり顔になる癖があるらしい。

場面

61

失敗

「やっちゃった」「やらかした」「ミスった」を卒業しませんか。ここで解説した語以外では「不首尾」「不手際」「失態」あたりを取り入れたらいかがでしょう。

「粗相《そそう》」 不注意から、ミスをすること

語彙レベル ★★☆☆☆

例文

今月の商談は新人に任せたので、粗相しないか心配だ。

解説 飲み物をこぼすなど、粗い注意からそそっかしく失敗をすることです。赤ちゃんなどが大小便をもらすことを遠まわしに言うこともあります。

「頓挫《とんざ》」 物事が途中で遂行できなくなること

語彙レベル ★★★☆☆

例文

急速な不況で、新規事業立ち上げの話は頓挫した。

解説 「頓《とみ》に挫《くじ》ける」、つまり、急に弱まってしまうということ。順調に進んでいた話が、途中でつまずく様子です。

「凋《ちょう》落《らく》」

家や会社などが衰えて、落ちぶれること

語彙レベル ★★★☆☆

解説 「凋《しぼ》む」という字があるように、草木がしぼみ、枯れ、地に落ちる様子からできた言葉です。一度は花を咲かせた家や会社の衰退を言います。

例文

炭鉱が閉山してから、この地域は一気に凋落した。

「味《み》噌《そ》をつける」

失敗で、名誉を失うこと

語彙レベル ★★★★☆

解説 昔、味噌は火傷の特効薬だと信じられていました。火傷という「失敗」に味噌をつけたことから、今は「失敗」という意味になったようです。

例文

社長肝煎《きもい》りの事業だったが、例のトラブルで味噌をつけてしまった。

場面 62 ピンチ

「マジでヤバい！」と叫びたくなる状況です。それを状況に応じて、かたい言葉で言いかえてみました。他に「緊急事態」「絶体絶命」「崖っぷち」などの言い方も。

「一《いっ》触《しょく》即《そく》発《はつ》」

ちょっと何かがあると争いが顕在化する状態

語彙レベル ★★☆☆☆

例文 部長と課長は一触即発の状態で、部署内がピリピリしている。

解説 ちょっと触れれば、爆発しそうな危機的状況のこと。危ない状況に陥りそうな、ギリギリの状況は他に「瀬戸際」「綱渡り」と言います。

「余《よ》儀《ぎ》なくされる」

他に選ぶ手がなく、嫌な手を選ばざるを得ない状況

語彙レベル ★★☆☆☆

例文 販売網を構築することができず、撤退を余儀なくされた。

解説 他に道がなく、どうしようもない状況です。「やむなく〜する」「やむを得ない」なども同じニュアンス。不本意で無念な気持ちがにじみます。

「膠《こう》着《ちゃく》状《じょう》態《たい》」

事態がどうにも動かない状態

語彙レベル ★★★☆☆

解説 接着剤の膠《にかわ》で貼りつけたかのように、固まって動かないこと。戦いや試合、交渉などが停滞することを言います。

例文 大筋では合意していたが、細部の交渉に入ると膠着状態に陥った。

「危《き》急《きゅう》存《そん》亡《ぼう》」

生き残るか死ぬかの瀬戸際

語彙レベル ★★★★★

解説 危険な事態を目前にし、存亡の岐路に立たされています。諸葛亮《しょかつりょう》の故事を踏まえ、「危急存亡の秋」という形で使うことも多いです。

例文 我が社にとって、今がまさに危急存亡の秋《とき》だ。

場面 63

イライラする

「イライラ」は元来、トゲにチクチク刺される痛み。「むかつく」も最初は胸のむかつきを指しました。肉体的にも感じられるストレスの表現を学びます。

「もどかしい」

事態が思うように行かず焦れったいさま

語彙レベル ★☆☆☆☆

例文 部下が取引先に電話しているのを見るのは、実にもどかしい。

解説 反対・非難するという意味の「もどく」という動詞が元になっています。物事が思うように行かず、歯がゆく、口を出したい様子です。

「癪《しゃく》に障《さわ》る」

カチンとくる様子

語彙レベル ★★☆☆☆

例文 皮肉な話し方をするのが、いちいち癪に障る。

解説 気に入らないので、不快に感じる様子です。「気に障る」「癇《かん》に障る」とも言います。それが爆発すると、「癇癪《かんしゃく》を起こす」「逆上する」です。

「鬱憤《うっぷん》が溜《た》まる」

晴らしがたいストレスが蓄積される状態

語彙レベル ★★★☆☆

例文 日ごろ鬱憤が溜まっていたのが、爆発したらしい。

解説 「鬱」は、気がふさがって、心が晴れ晴れとしないこと。そんな憂鬱や憤り（カタカナ語で言えばストレス）が、内心に積もり重なる様子です。

「虫唾《むしず》が走《はし》る」

もはや生理的な嫌悪感を覚えるほど、忌み嫌う様子

語彙レベル ★★★★☆

例文 例の件以来、あの人を見ると虫唾が走るようになった。

解説 虫唾（虫酸）は、胸がむかむかするときに胃から口のほうに上がってくる液。今の言葉で言えば、胃酸です。胃酸が出てくるほど、不快なのです。

場面
64
古い

古さが味わいや伝統につながっていれば、肯定的な魅力になりえます。ただ実際には、古臭い、見飽きているといったケースも。

「カビの生《は》えた」

時代遅れになっている様子

語彙レベル ★★☆☆☆

例文 「続きはWEBで」なんて、もうカビの生えた手法だと思わない？

解説 旬が過ぎ、古びてしまったのを、食べ物にカビが生える様子にたとえたものです。類語には「時代錯誤」「旧世代的」などがあります。

「手《て》垢《あか》のついた」

ありふれていて、新鮮味がない様子

語彙レベル ★★☆☆☆

例文 そんな手垢のついたフレーズで、人の記憶に残るだろうか。

解説 既に、人々が触りに触って、手垢がついてしまっているわけです。どこにでもあるようなもので、つまらない様子。使い古された。陳腐。

「旧《きゅう》態《たい》依《い》然《ぜん》」

元のまま、進化、進歩しない状態

語彙レベル ★★★☆☆

例文

時代は変わっているのに、旧態依然とした体制ではダメだ。

解説 この「いぜん」は「以前」ではありません。「なお依然として」の「依然」です。変わらないことを非難する際に用いる表現です。

「老《ろう》練《れん》」

長年経験を積んで、上手になっているさま

語彙レベル ★★★★☆

例文

根回しや駆け引きに長《た》けた老練な政治家。

解説 場数を踏み、経験を重ねる中で獲得した大人の知恵がある様子。なお、長年の経験で悪賢くなっている場合には、「老獪《ろうかい》」「老猾《ろうかつ》」と言います。

場面

65

傷つく、落ち込む

「ガッカリする」より「気落ちする」「打ちひしがれる」、「凹む」「テンションが下がる」より「気が滅入る」の方が上品です。ここでは熟語表現を集めています。

「意《い》気《き》消《しょう》沈《ちん》」

それまでの元気をなくし、しょげること

語彙レベル ★★☆☆☆

例文 渾身の企画が門前払いされ、彼はすっかり意気消沈している。

解説 意気込んでいた気持ちがすっかり萎えて、衰えてしまうこと。元気がなくなる様子。「意《い》気《き》阻《そ》喪《そう》」とも言います。

「感《かん》傷《しょう》的《てき》」

悲しい気持ちに浸りがちな感じ

語彙レベル ★★★☆☆

例文 秋はどうしても感傷的になってしまう。

解説 物事に感じやすく、悲哀や同情を抱きやすい精神状態を言います。とくに何が原因というわけでなく切ない心境。センチメンタル。

「暗《あん》澹《たん》」

将来の見通しが立たず、希望が持てないさま

語彙レベル ★★★★☆

例文 日本の未来や自分の老後を考えると、暗澹とした思いになる。

解説 くもり空や夜明け前の空のように、薄暗くてはっきりとしない様子。そこから広がり、将来を見通せず、希望を持てない、絶望的心境の意に。

「憔《しょう》悴《すい》」

病気や心痛でやつれること

語彙レベル ★★★★☆

例文 対応に追われた彼は、傍目にもすぐわかるほど憔悴しきっていた。

解説 「憔」も「悴」もやつれることを意味する字です。単なる肉体的疲労というよりは、ストレスや精神的疲弊でヘトヘトになる様子です。

場面

66

まあまあ

関西弁の代表例として、商売人の会話、「もうかりまっか？」「ぼちぼちでんな」が取り上げられることがあります。この「ぼちぼち」も「まあまあ」に当たります。

「順当《じゅんとう》」

当然その結果が出そうだというもの

語彙レベル ★☆☆☆☆

例文

日本代表は予選リーグを順当に勝ち進んだ。

解説 その条件を与えられれば、普通に考えてそうなると予想されるもの。よい結果ですが、十分に予想できる結果で、とくに驚きはない状態です。

「十人並《じゅうにんな》み」

悪くはないが、しょせん人並みのさま

語彙レベル ★★☆☆☆

例文

顔立ちだけ見れば十人並みであるが、彼女は実に愛嬌があった。

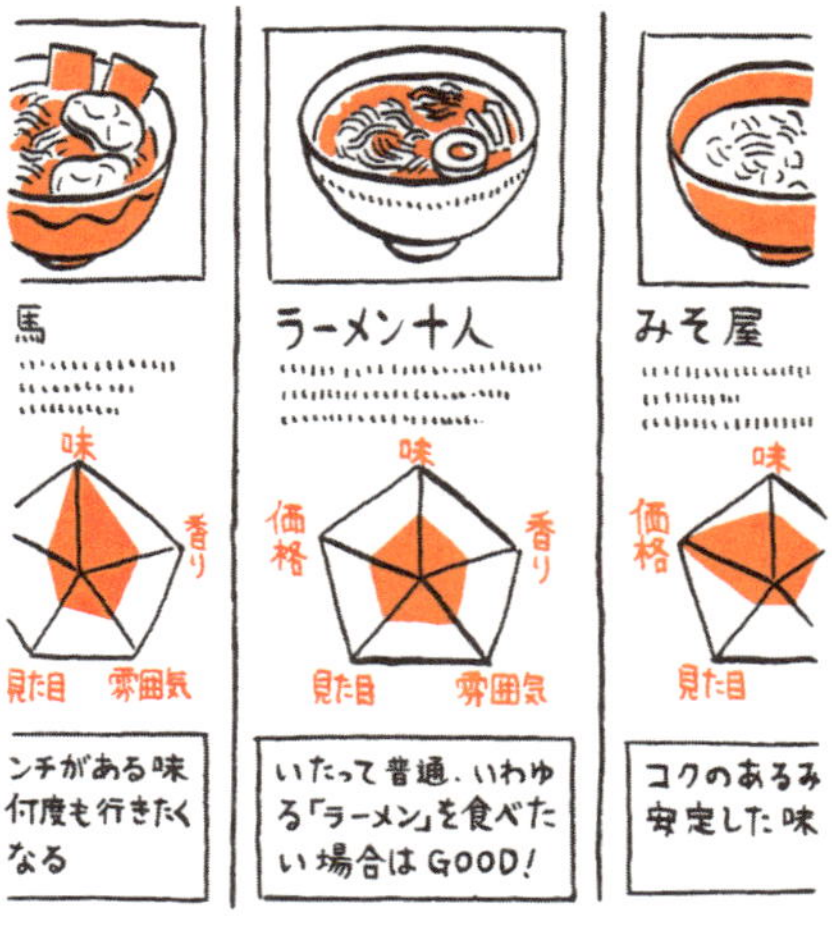

解説 容貌や才能に関し、とくによくも悪くもない、普通の程度であること。「ほどほど」「それなり」「可もなく不可もない」「何の変哲もない」。

「大《たい》過《か》ない」

大きなミスなどはない状態

語彙レベル ★★☆☆☆

例文

司会という大役でしたが、大過なくやりおおせることができました。

解説 「大きな過ちがない」で「大過ない」。大きな失敗やひどいトラブルなしに、無難に。類語には「つつがない」「平穏無事」「別条ない」。

「及《きゅう》第《だい》点《てん》」

素晴らしいとは言わないが、期待の基準には達した

語彙レベル ★★★☆☆

例文

大ヒットではないが、初期投資もすぐ回収できたし、及第点だろう。

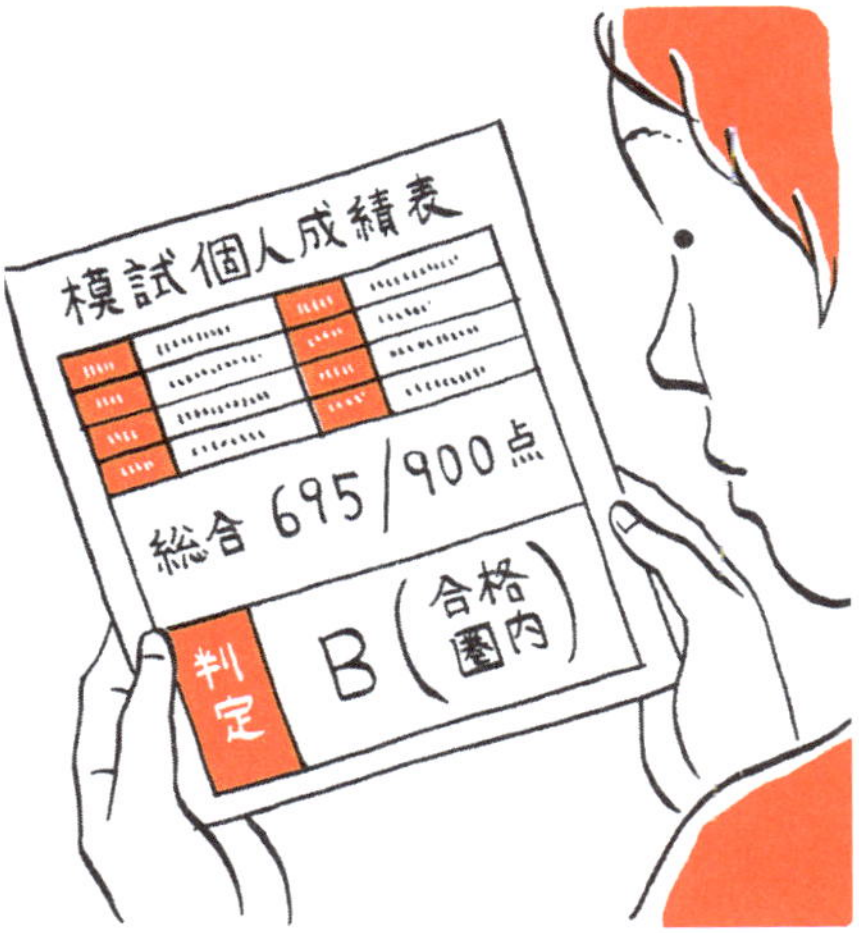

解説 古代中国語で「第」は試験という意味で、「落第」の対義語が、この「及第」です。つまり、試験に合格する点数が「及第点」なのです。

場面 67

辞める

「引き際が肝心」という言葉があります。地位や役職にいつまでもしがみついていたら、「老害」と言われかねません。引き際を見極め、潔く退くのが美しいのです。

「身《み》を退《ひ》く」

他者に遠慮し、関与しないと決めること

語彙レベル ★☆☆☆☆

例文 後進にすべてを任せ、自らは身を退いた。

解説 恋愛で三角関係になったとき、自ら身を退くことで、一件落着を図ることがあります。これまでの地位から離れ、引退することにも使います。

「撤《てっ》回《かい》する」

一度言い出したことを後で取り下げること

語彙レベル ★★☆☆☆

例文 いくら発言を撤回しても、既に多くの人の心に残ってしまっている。

解説 「撤収」と同じ字を使っています。一度提出・公示したものを引っ込めるという意味です。何もなかったことにすることは「白紙撤回」と言います。

「足《あし》を洗《あら》う」

好ましくない生活、辞めたかった仕事を辞めること

語彙レベル ★★★☆☆

解説 悪い商売をやめたり悪い仲間から離れたりし、かたぎになること。辟易《へきえき》していた仕事や職場、仲間から離れるのを、自虐的にこう言うケースも。

例文 転職の目処がつき、やっとあの会社から足を洗うことができた。

「見《み》合《あ》わせる」

いったんやめて様子をうかがうこと

語彙レベル ★★★☆☆

解説 電車通勤の人は「運転見合わせ」という形で、よく耳にしている言葉かもしれません。状況と照らし合わせ、しばらく控えておくことです。

例文 製造ラインの安全が確保されるまで、生産・販売は見合わせる。

COLUMN 4

勘違いされがちな慣用句

形の間違い、意味の間違いが見られる慣用句は、おおよそ決まっているものです。定番の勘違いを取り上げましたので、自分もやってしまっていないか、ご確認ください。

形の間違い

×「雪辱《せつじょく》を晴《は》らす」

○「雪辱《せつじょく》を果《は》たす」

「雪辱」という言葉自体に「屈辱を雪《すす》ぐ」という動詞が含まれているため、「晴らす」だと「雪ぐ」と重複してしまいます。

（例）今期は黒字に戻し、雪辱を果たしたと言える。

×「食指《しょくし》をそそられた」

○「食指《しょくし》が動いた」

「そそられる」につながるのは食欲です。「食指が動く」で、食欲を感じたり、何かに関心を持ったりする様子のことです。

（例）よいものだとはわかるのだが、どうも食指が動かない。

意味の間違い

× 予測を元に、手をこまねいて待ち受けよう。

○ 手をこまねいてばかりはいられない。

何もしないで傍観するのが「手をこまねく」。「手で招き寄せる」あるいは「手ぐすねを引いて待ち構える」と誤解されがちです。

× 幹事など、私には役不足で、ちょっと……。

○ ベテランの彼にそんな軽い役目では、役不足かと。

与えられる役が軽いという意味。役が（人の器に対し）不足しているのであり、役に（実力が）不足しているのではありません。

第5章

人との縁や絆を深める

「人間関係の機微」という表現があります。円滑な人づき合いをするうえで大切なことですが、「機微」というだけあって、はっきり表れているものではなく、かすかにしか感じ取れない、繊細なものです。経験を積む必要がありますが、本章の言葉を学ぶことも、人間関係の機微を摑む手助けになるはずです。

場面 68

お礼を言う

お世話になったお礼は、心を込めて伝えたいもの。「助かった！」という喜び以上に、手伝ってくれたことへの申し訳なさを感じる言葉が多いのが、日本語流です。

「ありがたい」

めったになく素晴らしい
優しさなどに、感じ入ること

語彙レベル
★☆☆☆☆

例文
こうして皆さまにお運びいただけますのも、ありがたいことです。

解説
「ありがとう」で使い慣れていますが、改めて漢字で見てみると、「有難し」となります。有るのが難しいほど、めったにないという意味なのです。

「恐《おそ》れ多《おお》い」

目上の人の厚意が
もったいなく、
遠慮してしまうこと

語彙レベル
★★☆☆☆

例文
Aさまにお越しいただけるとは、恐れ多くもありがたい限りです。

解説
「畏れ多い」とも書きます。ありがた過ぎて申し訳ないような気持ちです。なお、手間や迷惑をかけてすまないという意味でも使います。

「過《か》分《ぶん》」

褒め言葉や待遇が自分の身の程を越えていること

語彙レベル ★★★☆☆

例文 過分なお言葉を頂戴し、痛み入ります。

解説 自分の分を越えた、分不相応な厚遇に恐縮する言葉です。なお、「痛み入ります」も、恐縮する気持ちを表す、控えめなお礼の言葉です。

「幸《こう》甚《じん》」

非常に幸せなこと

語彙レベル ★★★★★

例文 温かい励ましを頂戴することができ、幸甚に存じます。

解説 幸せが甚《はなは》だしい様子。相手のしてくれたことで、この上ないほどの幸福を感じている、ということで、感謝の気持ちを相手に伝える表現です。

場面
69
謝る

「謝る」の語源は「誤る」と同じ。誤りを自覚し、迷惑をかけた相手に謝るわけです。非をどの程度まで認めるのか、どんなふうに謝るのかで言い方が変わってきます。

「平《ひら》謝《あやま》り」

完全に非が自分にあるととらえ、ひたすら詫びること

語彙レベル ★☆☆☆☆

例文 悪いのはこちらだから、平謝りに謝るしかない。

解説 平身低頭という四字熟語があります。身をかがめ、頭を低く下げることです。その姿勢でひたすら謝り続けるのが「平謝り」です。

「弁《べん》明《めい》」

自分の側の事情を説明すること

語彙レベル ★★☆☆☆

例文 あちらは必死に弁明していたが、全く許す気にはなれない。

解説 「陳謝」同様、事情を説明するのですが、こちらは少々言い訳がましい印象です。謝るというよりも、自分は悪くないと弁解する態度です。

「陳《ちん》謝《しゃ》」 事情を述べて詫びること

語彙レベル ★★★☆☆

解説 陳の字は「陳《の》べる」と訓読みし、「陳述」「陳情」という熟語もあります。迷惑をかけるに至った事情を説明したうえで詫びます。

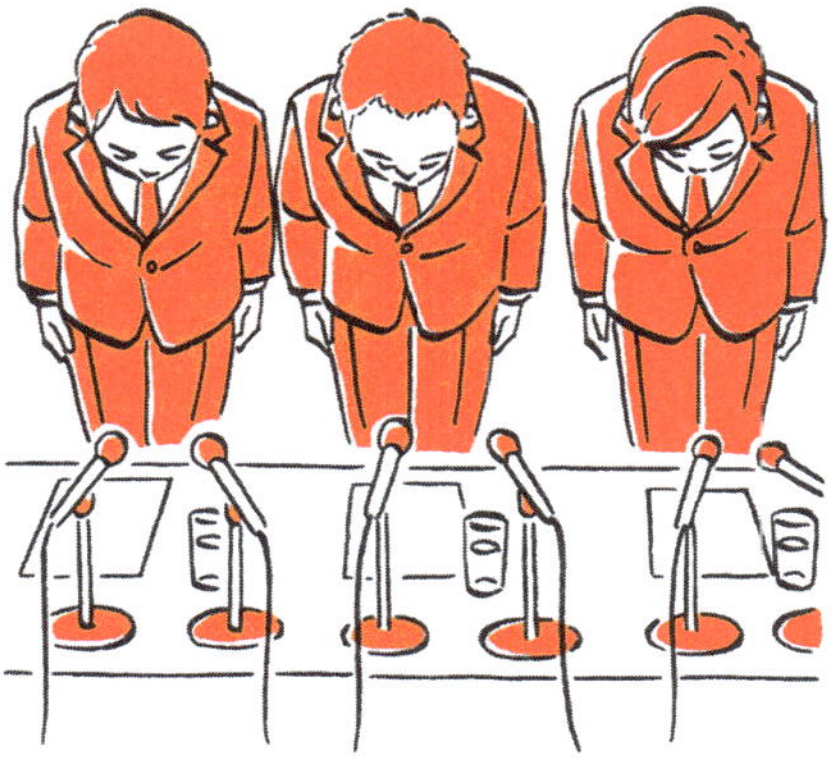

例文 不祥事が発覚したA社は、謝罪会見を開き、社長が陳謝した。

「深《しん》謝《しゃ》」 深く詫び、ていねいに謝ること

語彙レベル ★★★★☆

解説 心の底から申し訳なく思い、気持ちを込めてていねいに謝罪する姿勢のこと。「ご厚《こう》誼《ぎ》に深謝します」のように、感謝する際にも使えます。

例文 私どもの不手際でご迷惑をおかけしましたこと、深謝いたします。

場面

70 励ます

相手がある行いに励むよう、勢いづけるのが「励ます」です。人や組織の性格はさまざまなので、どのように働きかけるのが効果的であるかもそれぞれです。

「奨励《しょうれい》」

あることをよいと評価し、それを行うようううながすこと

語彙レベル ★☆☆☆☆

例文

ある本に感銘を受けた課長は、部下にも読むことを奨励した。

解説 奨め、励ますこと。人を教え導く立場にある者が、特定の行動を奨めることを言います。それを実行するための支援金が奨励金です。

「叱咤《しった》」

大声で厳しく注意しつつ、励ますこと

語彙レベル ★★☆☆☆

例文

監督は、不甲斐ない選手たちを叱咤した。

解説 叱も咤も「しかる」という字。単なる叱責ではなく、成長を期待して、叱るように励ますこと。叱咤《しった》激《げき》(督)励《れい》として使うことが多いです。

「鼓《こ》舞《ぶ》」

やる気を奮い起こさせ、勢いづけること

語彙レベル ★★★☆☆

例文 社長のスピーチは、社員の士気を鼓舞した。

解説 鼓を打ち、舞を舞うことからできた言葉です。刺激を与え、組織を盛り上げたり、人の力を引き出したりします。英語にするとinspire。

「鞭《べん》撻《たつ》」

自分を励まし、指導してもらうことを謙遜して言う語

語彙レベル ★★★★☆

例文 引き続き、ご指導ご鞭撻の程、よろしくお願いいたします。

解説 鞭を打つように、厳しく指導すること。ビシバシしごく様子です。自分を指導してもらう場合に使い、「彼を鞭撻しなくては」とは言いません。

場面 71 受け入れる

人からの依頼、自分の置かれた状況などを、前向きに快く受け入れることもあれば、後ろ向きにしぶしぶ受け入れる場合もあります。

「肩《かた》代《が》わり」

他人の抱えているものを代わりに受け入れ、対処すること

語彙レベル ★☆☆☆☆

例文
叔父の借金を肩代わりする。

解説 誰かが背負っていた負担や負債を代わりに負うこと。とくに、嫌な後処理を代わって引き受け、事態を収拾することは「尻ぬぐい」といいます。

「容《よう》認《にん》」

本来は不適切であることも、認め、受け入れること

語彙レベル ★★☆☆☆

例文
我々の予算がこれ以上削られることは容認しがたい。

解説 ルールや道徳からすれば誤っているものを許し、受け入れるさま。類語「許容」は、理想的とは言えないが、まぁ認めるというニュアンスです。

「快諾《かいだく》」

頼まれごとを気持ちよく受け入れる様子

語彙レベル
★★☆☆☆

解説 ある居酒屋チェーンでは、注文に「はい、喜んで！」と応じます。まさにそのような感じで、迷いや抵抗なしに快く引き受ける様子を言います。

例文 突然のお願いでしたのに、ご快諾いただき、誠に恐れ入ります。

「甘受《かんじゅ》」

自分に不利益な状況に対し、抗議せず、受け入れている状態

語彙レベル
★★★★☆

解説 本来は甘くはないものを、甘いものだと思うことにして受け入れる様子。納得はできないものの、仕方ないものとして我慢しているのです。

例文 次々不幸に見舞われたが、それも運命であると甘受する。

5. 人との縁や絆を深める

場面 72

教わる

自分を育ててくれたものを挙げる際、学生の頃お世話になった恩師の顔が浮かぶ人もいれば、一冊の本を思い出す人もいるでしょう。教わり方もそれぞれです。

「教《おし》えを乞《こ》う」

教えてくれるよう頼むこと

語彙レベル ★☆☆☆☆

例文

先生には、また何かと教えを乞う機会もあるかと存じます。

解説

「乞う」は、他人の動作を願い、求めること。「乞うご期待」「雨乞い」など。自分の動作の許可を願い出る「請う」とは本来区別されます。

「薫《くん》陶《とう》を受《う》ける」

優れた人物に直接師事したということ

語彙レベル ★★★☆☆

例文

彼と私とは、共にM教授の薫陶を受けた仲間だ。

解説

徳の高い先生のもとで学び、影響され、人格が高められる様子。なお語源は、薫りを焚《た》き込めたり、土をこねて陶器を作ったりすること。

「私《し》淑《しゅく》する」

著書などを通じ、間接的に学ぶこと

語彙レベル ★★★★☆

解説 直接習うのでなく、相手に知られることなく、本などで密かに学ぶこと。現代では、SNSで憧れの存在に私淑している人も多いのでは？

例文 芥川龍之介に私淑していた太宰治は、芥川の自殺に衝撃を受けた。

「謦《けい》咳《がい》に接《せっ》する」

尊敬する人に直接会い、話を聞くこと

語彙レベル ★★★★★

解説 謦も咳も「せき」のこと。ある分野の大家、著名人など、誰もが尊敬するような人物に、直接話を聞くことができたという幸運を強調します。

例文 私は、K先生の謦咳に接することのできた幸運な世代である。

場面 73

教え導く

先生が生徒を教えるのと、師匠が弟子を教えるのでは、趣が違います。意識的・具体的に説明するのか、下の人が勝手に育つのか、教え方にも色々ありますね。

「先《せん》導《どう》する」

先に立って他の人を案内すること

語彙レベル ★☆☆☆☆

例文

世界経済の回復を先導するのははやはり、米国であろう。

解説 列などの先頭に立ち、後の人を誘導する様子。そこからイメージが広がり、先陣を切って見本・手本を見せ、他の人をうながすことにも使います。

「訓《くん》練《れん》する」

習慣や能力を身につけさせるため、繰り返し教え込むこと

語彙レベル ★☆☆☆☆

例文

プレゼンテーションがうまくなるには、訓練するしかない。

解説 避難訓練のように、実際にやってみて体に覚え込ませます。勉強や仕事においても、繰り返し行い、自然にできる水準にすることを言います。

「指《し》南《なん》する」

武術や技芸を教えること

語彙レベル
★★★☆☆

解説　教える内容が限定されます。ビジネスで「ご指南ください」と言うとすれば、パソコンの使い方や、特別な仕事のコツを教わるときです。

例文
少々嗜《たしな》みましたが、指南するほどの腕前ではありませんよ。

「感《かん》化《か》する」

自然に相手に共感させ、影響を与えること

語彙レベル
★★★☆☆

解説　意図を持って働きかけることではありません。優れた人物がいることで、自然とまわりが影響を受け、よりよい方向に変わる様子です。

例文
勉強熱心な友人に感化されたのか、最近はよく勉強するようになった。

場面74 許す

謝罪の際「どうかお許しください」という趣旨のことを言います。その際に使える言葉を集めました。相手の懐の広さに甘え、何とか許してもらおうとする言葉が多いです。

「堪忍《かんにん》」 怒りをぐっとこらえて我慢すること

語彙レベル ★★☆☆☆

例文

愚息がご迷惑をおかけしました。私に免じてどうかご堪忍を。

解説 「堪忍袋の緒が切れる」という慣用句があります。堪忍する度量を袋にたとえ、もうこれ以上は堪忍ができないと怒りや非難を表明します。

「猶予《ゆうよ》」 遅れを許し、期限を延ばしてやること

語彙レベル ★★☆☆☆

例文

恐れ入りますが、あと数日の猶予をいただけないでしょうか。

解説 元はグズグズためらって実行を遅らせることを意味した語ですが、現代では、時間の余裕を与えるという意味に。「執行猶予」など。

「目《め》こぼし」

知っていて、
あえて見逃してやること

語彙レベル
★★★☆☆

例文
規則違反を知ってしまった以上、目こぼしするわけにはいかない。

解説
「大目に見る」と同じです。「今回だけは、お目こぼしを願えませんでしょうか」と、寛大な処置を頼むときにも使います。

「寛《かん》恕《じょ》」

寛容な心で相手を許してやること

語彙レベル
★★★★☆

例文
ご寛恕のほど、どうかよろしくお願い申し上げます。

解説
主に、相手に許しを請う場面で使います。相手の心の寛大さに言及し、その広い心で許してほしいとお願いするわけです。類語に「海容」など。

場面75

助ける

誰が誰を助けるのかによって、違う言葉を使います。目上の人が助けてくれる、こちらが目上の人を助ける、それぞれのシチュエーションの言葉をまとめました。

「お力《ちから》になる」

自分が相手を助けること

語彙レベル ★☆☆☆☆

例文

微力ながら、お力になれればと存じます。

解説

力に「お」をつけて、相手の力を意味しています。相手の力の一部となれるよう骨を折りたいという申し出に使う言い方です。

「補《ほ》佐《さ》」

目上の人を傍で支えること

語彙レベル ★☆☆☆☆

例文

及ばずながら、当日は補佐させていただきます。

解説

その人につきそって、仕事を助けます。「課長補佐」(=課長を助ける)のように、役職名として使われることもあります。

「お力《ちから》添《ぞ》え」

他人の仕事を手助けすること。「お」をつけ、相手の協力に使う

語彙レベル ★★☆☆☆

例文

恐縮ですが、お力添えをいただけないでしょうか。

解説 よく使われるのが、他人に協力を願ったり、そのお礼を言ったりする場面です。「皆さまの温かいお力添えを賜り、心から感謝いたします」など。

「後見《こうけん》」

年長者や立場のある者が、若手などを後ろ盾として支えること

語彙レベル ★★★☆☆

例文

関白はあくまでも最高決裁権者である天皇の後見的存在であった。

解説 若手がリーダーに抜擢されると、経験豊富な幹部がバックにつくことがあります。認知症の人などに対する成年後見制度もあります。

場面 76

訪問する

「いらっしゃいませ」は「来る」の尊敬語「いらっしゃる」に、丁寧語の「ます」の命令形をつけたもの。どうぞお店に入ってください、という気持ちを込めて使います。

「ご足《そく》労《ろう》」

相手がわざわざ来てくれたことを、ねぎらう語

語彙レベル ★★☆☆☆

例文 遠路はるばるご足労いただきまして、ありがとうございます。

解説 相手の移動のストレスを思いやる言葉です。天気が悪いときに言う「お足元の悪い中」と合わせて覚えましょう。

「表《ひょう》敬《けい》訪《ほう》問《もん》」

敬意を表するために、訪ねて行くこと

語彙レベル ★★★☆☆

例文 首相は、オリンピックで活躍した選手たちの表敬訪問を受けた。

解説 具体的な用事が何かあるわけではないものの、挨拶のために顔を出すことで、相手を尊敬している気持ちを表します。

「ご来《らい》臨《りん》」

来てくれることを感謝し、強く敬って言う語

語彙レベル
★★★★☆

例文

ご多用中恐れ入りますが、ご来臨の栄を賜りたくお願いいたします。

解説 会の招待状や、開会の挨拶でよく使われます。立場のある人が顔を出してくれた場合には、直接お礼を言う際にも使ってよいでしょう。

「推《すい》参《さん》」

自分が相手の元に行くことをへりくだって言う語

語彙レベル
★★★★☆

例文

近いうちに、推参いたしたいと存じます。

解説 日ごろは「うかがう」「参る」「お邪魔する」「お訪ねする」などを使えば十分ですが、手紙などあらたまった機会に使える言い方です。

場面 77

たずねる

「きく」には「聞く」「聴く」などの変換がありますが、とくに質問するという意味なのが「訊く」です。優しく考えを引き出す訊き方もあれば、追い詰める訊き方も。

「照会《しょうかい》」

不明な点を問い合わせ、調べること

語彙レベル ★★☆☆☆

例文 コールセンターに電話し、パスワードを照会した。

解説 情報を持っているはずの機関に対し、わからない点をたずね、確認することです。「身元照会」「残高照会」などと使います。

「詰問《きつもん》」

相手を厳しく責め、返答を求めること

語彙レベル ★★★☆☆

例文 連絡もなしに遅刻した部下を詰問する。

解説 悪いものだと決めてかかり、厳しく問い詰める様子です。類語に「難詰」。責任や欠点を問いただす「追及」も覚えておきましょう。

「穿《せん》鑿《さく》(詮索)」

あれこれ細かく知りたがり、探ること

語彙レベル ★★★☆☆

例文 人の過去を穿鑿するのは、あまりよくないよ。

解説 「穿鑿」とは、鑿《のみ》で穴を掘ることです。まさに深く掘り下げるというイメージですが、野次馬的で、浅ましい印象もある語です。

「諮《し》問《もん》」

政策などについて意見を求めること

語彙レベル ★★★★☆

例文 本件は審議会に諮問し、さらに世論を踏まえたうえで判断したい。

解説 政府や官公庁は、政策を決定する前に、有識者や特定の機関に意見を求めます。諮問委員会は、調査・審議のうえ、意見を答申します。

場面
78

事の成就や他人のために力を尽くす

「頑張る」「精一杯」「全力」「一生（一所）懸命」……どれもひたむきさが伝わる、よい言葉ですが、ここではもう少し大人びた言い方を集めました。

「気《き》を揉《も》む」

あれこれ心配してやきもきする様子

語彙レベル ★★☆☆☆

例文
Aさんは受験生を二人も抱えて、さぞかし気を揉んだことでしょう。

解説 物事の行く末を心配しながら見守る様子です。「焦燥感に苛《さいな》まれる」「ジリジリする」「居ても立ってもいられない」という言い方も。

「奔《ほん》走《そう》する」

事がうまく運ぶよう、あちこち駆け回って努力する様子

語彙レベル ★★☆☆☆

例文
実現にこぎつけるため、資金集めに奔走した。

解説 奔も走も、勢いよく走ることを意味する字です。類語に「東奔西走」。なお、走り回って準備したおもてなしを「ご馳走」と言います。

「心《こころ》を砕《くだ》く」

何かを実現させるため
苦心する様子

語彙レベル
★★★☆☆

例文
Aさんは会を成功させるために、何かと心を砕いてくださった。

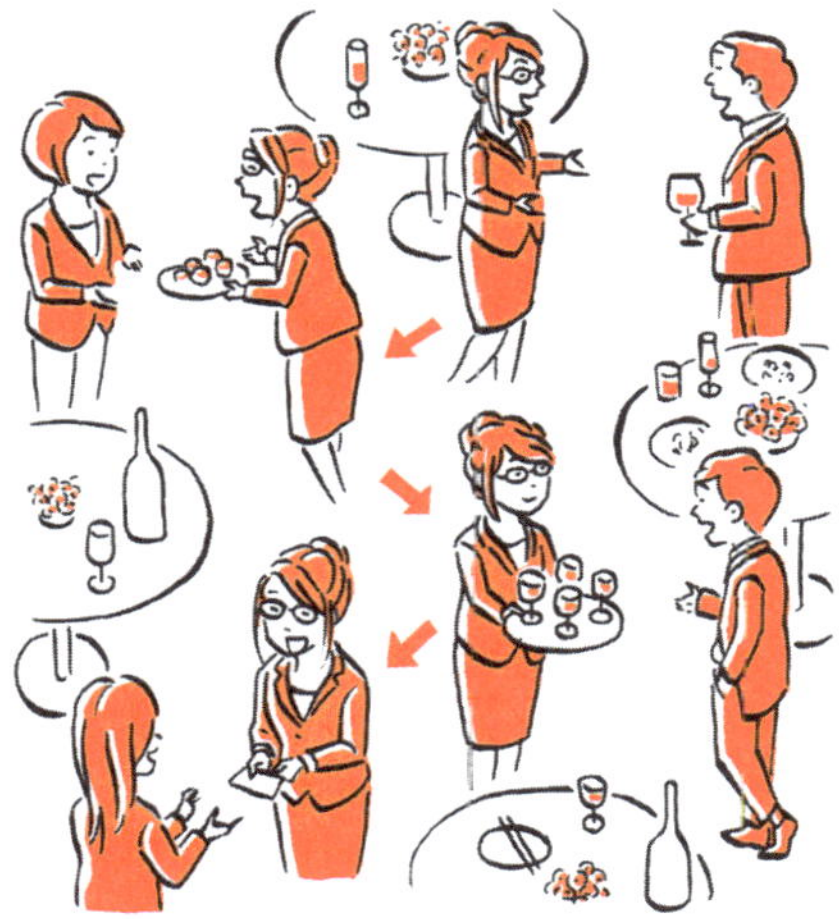

解説 砕けてしまうほど、心を使う様子。似た表現に「腐心する」があります。心が腐ってしまうほど悩み苦しみながら考える様子です。

「かいがいしく働《はたら》く」

休む間もなく、
健気に立ち働く様子

語彙レベル
★★★☆☆

例文
体調をくずすと、田舎の母親が駆けつけ、かいがいしく世話をした。

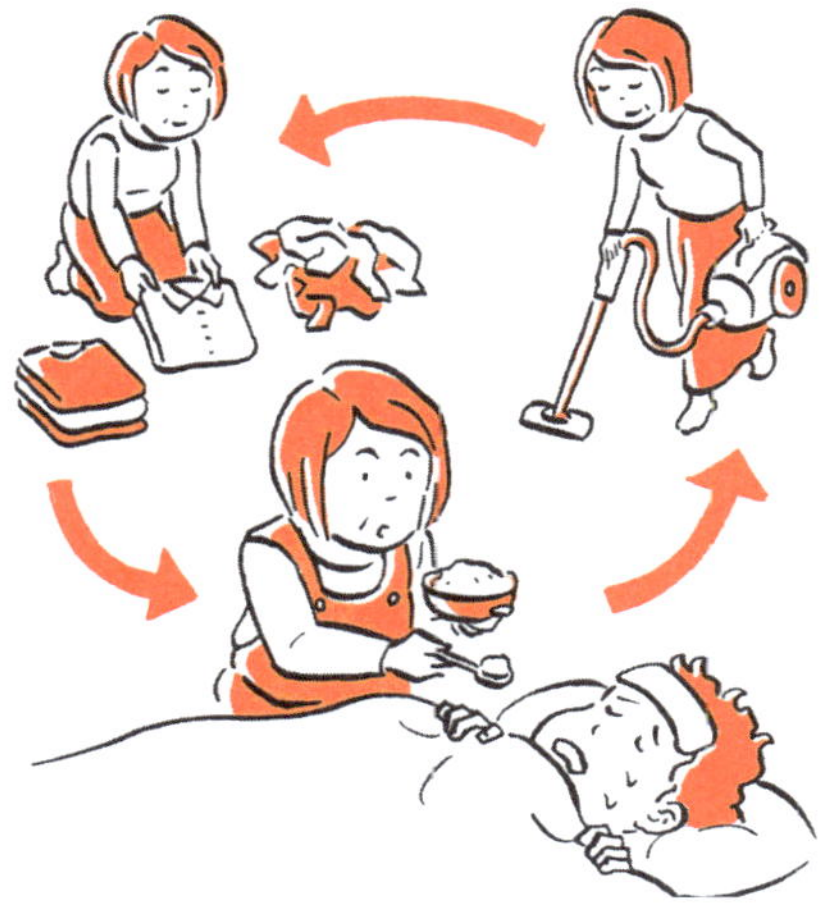

解説 手ぎわがよく、はたで見ていて張り合い（＝甲斐）を感じるようなきびきびとした働きぶりを言います。労を惜しまない熱心さです。

5. 人との縁や絆を深める

場面

79

人のことを頼りにする

頼るにしても、頼り過ぎはNG。「頼りにする」は英語で「depend on」ですが、対義語の「independent」は「独立・自立した」。大人はこうありたいですね。

「おんぶにだっこ」

他力本願で、何から何まで甘え切ること

語彙レベル ★☆☆☆☆

例文

新人とはいえ、何もかもA先輩におんぶにだっこではダメだぞ。

解説 子どもがおんぶを求めたり、だっこをせがんだりする甘えた様子から。何もかもを他人の世話になり、遠慮や責任感に欠ける態度を言います。

「頼《たの》みの綱《つな》」

あることの成否に関し、唯一頼れる人・もの

語彙レベル ★★☆☆☆

例文

どこからも断られてしまって、御社だけが頼みの綱なのです。

解説 「頼む」は古語で、あてにすること、頼ることを言います。一縷《いちる》の望みとしてすがりつくのを、綱にすがりつく様子にたとえました。

「全幅《ぜんぷく》の信頼《しんらい》を寄《よ》せる」

非常に厚い信頼を寄せること

語彙レベル ★★★☆☆

解説 「全幅」は「幅いっぱい」ですので、心の底からありったけの信頼を寄せている様子です。同じ状況を否定的に見ると「妄信する」になります。

例文 社長は課長に全幅の信頼を寄せているので、例の事業は任せきりだ。

「心《こころ》丈《じょう》夫《ぶ》」

頼りにできる人がいて、心強く安心できる状態

語彙レベル ★★★★☆

解説 心のよりどころになるものがあって、大丈夫だと頼もしく思える様子です。似た表現に「大船に乗ったよう」があります。

例文 あなたがそこにいてくださるだけで、心丈夫なのです。

場面

80

目をかけ、援助する

政治家を支えるのは後援会、芸能人を支えるのはファンクラブ。芸術家を個人的に応援し、経済面で援助する富裕者のことはパトロンと言います。

「引《ひ》き立《た》て」

目をかけ、取り引きをするなどして支えること

語彙レベル ★★☆☆☆

例文 平素は格別のお引き立てを賜り、誠にありがとうございます。

解説 「引き立て役」という使い方もあるように、「引き立てる」は、相手がよくいられるよう支えること。熟語では「(ご)愛顧」が近いです。

「贔《ひい》屓《き》」

店を客として利用したり、役者を応援したりすること

語彙レベル ★★☆☆☆

例文 あのAさんも、私どもの店をご贔屓にしてくださっています。

いつもありがとうございます

解説 「依《え》怙《こ》贔《ひい》屓《き》」の「贔屓」です。特定の店や人に肩入れし、援助します。人気の歌舞伎役者には、ご贔屓筋が多数ついているものです。

「寵《ちょう》愛《あい》」

目上の者が特定の目下の者をかわいがり、優遇すること

語彙レベル
★★★★☆

解説　「天皇が后《きさき》を寵愛する」というように、男女仲の意味で使われていた言葉ですが、現代では特別に目をかけている状況全般に使います。

例文
社内体制が変わり、新社長の寵愛するメンバーが中心になった。

「厚《こう》誼《ぎ》」

相手の支えや援助、つき合いに感謝して言う言葉

語彙レベル
★★★★★

解説　「引き立て」「贔屓」と似ていますが、「厚誼」の場合、ただ友人・親戚同士として仲よくつき合っていたことも言い表すことができます。

例文
生前はひとかたならぬご厚誼にあずかり、御礼申し上げます。

場面 81 友人

「悪友」という語があります。つき合ってもためにならない友人という意味。ただ、親しみを込め、わざと親友や遊び仲間をこう呼ぶケースも。友は宝です。

「同《どう》志《し》」 目標などを同じくする友人

語彙レベル ★☆☆☆☆

例文 社内で同志を募り、勉強会をスタートさせた。

解説 単なる仲よしでなく、共に頑張る仲間。同志社大学も「志を同じくする者が創る結社」という思いで名づけられたそうです。

「竹《ちく》馬《ば》の友《とも》」 幼い頃からの友だち

語彙レベル ★★☆☆☆

例文 竹馬の友と仕事相手として再会し、感慨にふける。

解説 竹馬《たけうま》で遊んだ頃の友だち、と思いがちですが、実は、竹馬《たけうま》と竹馬《ちくば》とは別の玩具。中国で遊ばれた、一本の竹を馬に見立てる玩具が竹馬《ちくば》です。

「知《ち》己《き》」　親友

語彙レベル
★★★★☆

解説　己をよく知っていてくれる親友です。似た言葉に、楽器の音色で自分だと察してくれるほどの親友という意味の「知音《ちいん》」があります。

例文　昔からの知己である君の活躍は、我が事のように嬉しい。

「畏《い》友《ゆう》」　尊敬すべき友人

語彙レベル
★★★★★

解説　恐れ多く感じるほど尊敬している、優れた友人のことです。俳人・歌人の正岡子規は、夏目漱石のことを畏友と呼んでいました。

例文　我が畏友A君の紫綬褒章受章を祝う会を開催します。

場面

82

教訓とする

失敗しても、それを教訓にして次に生かせれば、失敗した甲斐があります。何事も「糧にする」「肥やしにする」姿勢を持ちたいですね。

「反面教師《はんめんきょうし》」

悪い見本にすること

語彙レベル
★☆☆☆☆

例文
マナーの悪い大人を真似せず、むしろ反面教師にしてもらいたい。

解説
悪い例。ダメなところをまざまざと見せつけられることで、「そうしてはいけないんだ」ということを教えられるわけです。

「肝《きも》に銘《めい》じる」

言葉や教えを忘れないよう胸に刻むこと

語彙レベル
★★☆☆☆

例文
先輩の言葉を肝に銘じて、これからも精進いたします。

解説
金や石に刻み込むイメージです。ずっと忘れないという決心を強調します。「脳裏に焼きつける」「心に留める」「噛みしめる」とも。

「血肉《ちにく》とする」

学びを自分の生きる糧にすること

語彙レベル ★★★☆☆

例文 学校での勉強を血肉にするのは、なかなか難しいようだ。

解説 ちにく、けつにく、どちらの読み方もあり、「消化する」「血となり肉となる」と言っても同じことです。しっかりと自分のものにすること。

「他《た》山《ざん》の石《いし》」

大したことではなくても、少しは参考になること

語彙レベル ★★★★☆

例文 他山の石ぐらいにはなるかもしれないので、私の経験を話します。

解説 よその山の粗悪な石でも、自身の宝玉を磨く際には役に立つという意味なので、「先輩の生き方を他山の石にします」は失礼に当たります。

5. 人との縁や絆を深める

場面

83

自分のものをへりくだって言う

贈り物には「心ばかりの品ですが」「つまらないものですが」「粗品ですが」と言うのが日本人。自分のことを下げて言う表現が、状況別にあります。

「弊《へい》」 会社などにつける語

語彙レベル ★★☆☆☆

例文

弊社も、本年で三十周年を迎えることができました。

解説

「弊害」「疲弊」からもわかるように、「弊」は、害、ボロボロの様子を表すネガティブな字です。会社には他に「小社」という謙称も。

「愚《ぐ》」 考えなどにつける語

語彙レベル ★★★☆☆

例文

この件に関し、愚考を少しお聞きいただければと存じます。

解説

「愚見」「愚考」のように使います。近年ではあまり言いませんが、自分の家族を低く言い、「愚妻」「愚息」という言い方もありました。

「拙《せつ》」　文章、著書などにつける語

語彙レベル ★★★☆☆

例文　その点を解明するのは拙稿の目的ではないので、それは脇に置く。

解説　「拙《つたな》い」と謙遜します。時代劇などで聞く「拙者」という一人称もここからできています。他には、家を「拙宅」、本を「拙著」と言います。

「浅《せん》」　学問や思慮につける語

語彙レベル ★★★★☆

例文　私どもの浅慮では、A様の意図をはかりかねております。

解説　深い学識や考えに欠けている、と謙遜するわけです。「浅学（浅学菲才）」「浅見」「浅慮」などの例があります。

COLUMN 5

使い分けたい漢字変換

「逢う」では恋愛の逢瀬をイメージするのに対し、「遭う」では交通事故などよくないものに遭遇する感じがします。ここでは変換時に悩むもの、使い分けるとニュアンスが正確に表現できる言葉を集めました。

なお、「以外な事実！」（正しくは意外）や「交通費を清算する」（正しくは精算）という明らかな変換ミスには気をつけましょう。

「早い」と「速い」

「早い」は時間帯や時期が前のほう、初めの段階であること。「速い」は動作のスピードを表します。「早い電車」だと、朝早くの電車、あるいは、余裕を持って早めの電車に乗る感じです。「速い電車」だと、特急・急行など、スピードがある電車を言います。

「表す」と「現す」

内にあったものを表に出して示すのが「表す」で、「気持ちを言葉で表す」「不快感を顔で表す」「しくみを図で表す」など。「現す」は出現してくる感じです。「姿を現す」「正体を現す」「頭角を現す」などの使い方をします。

「始め」と「初め」

「始め」は、動詞の「始める」が名詞化したものです。動作の着手、開始の段階を言うもので、動詞に直せるかが見分けるヒントになります。「初め」は「最初」と使う通り、1番め、時間的に早い段階のことです。「年の初め」など。

「収める」と「納める」

「収める」は手に入れたり（勝利を収める）、安定した状態にまとめたり（騒動を収める）すること。「納める」はお金やものを予定のところに入れる（税金を納める、遺骨を納める）他、「仕事納め」「納会」のように、終わりにするという意味もあります。

第6章

使ってしまいがちな言葉を言いかえる

どんなベテランでも、若者言葉や流行り言葉を使うと、軽薄な感じがしてしまいます。そこで、同じ内容を書き言葉でも通用する言葉に改めたらどうなるかをまとめました。はっきり言うのは失礼になる言葉の代替案も、本章で提案しています。NGワードを言いそうになったら、本章を思い出してください。

場面 84 すごい

元来「凄し」は、背筋がゾッとするほど恐ろしい様子のこと。そこから「戦慄を覚えるほどの美しさや素晴らしさ」という意味になりました。残念ながら、現代ではこの言葉の重みは失われています。軽く聞こえず、尊敬の念が伝わる表現を集めました。

「秀逸《しゅういつ》」

他のものと比較したときに、抜きん出て優れていること。逸は「逸品」の逸です。古くは、詩歌などの選考におけるよい評価を「秀逸」と言いました。今でも「秀逸の出来」という使い方をよくします。

「卓越《たくえつ》」

群を抜いて優れている様子。ずば抜けているさま。他とはもうケタ違いの、圧倒的な腕前を誇るときに使う言葉です。類義語に「抜群《ばつぐん》」「傑出《けっしゅつ》」などがあります。

「感銘《かんめい》を受《う》ける」

銘は「座右の銘」にも出てくる銘で、金属や石に文を刻み込むことです。感動し、忘れないよう心に刻み込む様子を表した言葉です。相手から教訓や励ましを言われたときに、使いたいフレーズです。

関連

「すごい」は「とても」と同じように、程度を表す言葉としても使います。「すごくよかった」ならよいのですが、「すごくすごくよかった」のように重ねたり、「すごいよかった」のように文法上の接続が不正確だったりするのはNGです。

場面 85 ｜ マジで

本当に、真剣に、という意味の言葉。「真面目に」が縮まったものと見られます。略語の常として、軽薄に聞こえやすいので、言いかえたい言葉です。なお、最近の若い人の間ではさらに、「卍(まんじ)」という表現に進化(?)を遂げているようです。

「全《まった》くもって」

「もって」は強調としてつけられている言葉で、「全く、本当に」という意味です。少し古風で、いかめしい言葉である分、「マジで、もうマジで」などと何度も重ねるより、よほど重みがあります。

「誠《まこと》に」

「マジで悪い、すまん」を「誠に申し訳ありません」とすれば、大人の表現です。嘘偽りのない真実が「誠」ですので、誠心誠意、誠実な態度を感じさせる言い方です。

「心《こころ》より」

心の底から、本心で、という意味。「心より御礼申し上げます」のように使われます。手紙など、あらたまった場面では「衷心《ちゅうしん》より」(衷は真心のこと)という言い方もあります。

関連

「マジで（＝本気で）取り組む」ということを言いかえる場合、「真摯に」「腰を据えて」「本腰を入れて」ということができます。

場面 86 超

「超ヤバい」などと使われる、典型的な若者言葉です。使った瞬間に幼稚に見えるので、かための言いかえ表現を覚えておきましょう。また、もし数値などを示せるのであれば、「超」や副詞を使わず、伝えたい程度を具体的に表すようにしましょう。

「実《じつ》に」

仮定ではなく、れっきとした現実として、という意味。「彼の話術は実に見事だった」「実に助かる」というように、感嘆の意味を込めて使われることが多いです。

「並《なみ》外《はず》れた」

並を外れている、つまり、普通の品質や能力、程度とは大きく外れた様子を表します。「並外れた努力」のように、肯定的な内容で使うのが一般的です。「並々でない」「非凡だ」も同じような意味です。

「はなはだ」

「甚だしい」の語尾がなく、副詞になっている形です。少し文語的で、重みが出ます。漢文の伝統の中で使われてきた男性語です。さらに古風な言い方には「いたく感謝する」の「いたく(甚く)」があります。

関連

本来、「超」は、超えるという意味の字です。「超満員」といえば、満員を上回る混雑状況を指し、「超現実的」といえば、現実を超えた、現実にはありえない状態を指します。

場面 87 ウケる

拍手・喝采を受けることからできたと考えられます。「評判だ」「評価されている」という意味ですが、単に「おもしろい」「笑える」くらいで使っている例も多いようです。手を叩いて笑うかのような、品のない印象があるので、言いかえてみましょう。

「興味深《きょうみぶか》い」

「ウケる」は英語でいうと funny ですが、「興味深い」は interesting。知的好奇心を引き出されるような感じがあり、少し高尚な印象になります。近い言葉に「興味をそそられる(かきたてられる)」「刺激的だ」。

「笑《わら》いを誘《さそ》う」

この「誘う」は、人の気持ちを惹きつけ、ある一定の感情になびくようにする様子を言います。笑いでも何でも、「〜を誘う」という言い方をするとオシャレです。

「反響《はんきょう》がある」

反響とは、山びこやこだまのように、山や壁などで音が反射され、再び聞こえる現象のことです。そこから転じ、発表した作品や商品に対し、世間から反応が返ってくることを言います。

関連　人の言動に知的なおもしろさがある場合、「ウィットに富んだ」「エスプリの効いた」と表現することもあります。

場面 88 かわいい

日本のポップカルチャーは「kawaii(かわいい)文化」として海外からも注目されています。その意味するところはさまざまで、原宿のファッションも、ポケモンなどのキャラクターも、何でも「カワイイ!」になるんですね。できれば、繊細に区別したいところです。

「愛《あい》らしい」

子どもや若い女性に使われる言葉。見た目がいじらしく、周囲の人から、愛おしむ気持ちを引き出すような様子を言います。「かわいらしい」「可憐な」がほぼ同義です。

「チャーミング」

魅力的な様子。「愛らしい」よりも少し強い言葉です。というのも、元になるcharmは、魔力と訳されることもある語だからです。強烈に周囲を惹きつけ、虜にさせる魅力を持つ様子や、魅惑的な様子のことを言います。

「お茶目《ちゃめ》な」

かわいらしい様子を言う言葉ですが、とくに性格面に注目した言葉です。愛嬌のあるイタズラをするなど、無邪気で天真爛漫、憎めない人のことを言います。

関連

「かわいい」は漢字で書くと「可愛い」で「愛することができる」という意味です。恋人や好きな芸能人などに関しては、「歯並びが悪いのがかわいい」「すぐ拗《す》ねるのがかわいい」などと、一般的にはかわいいとされないところも「かわいい」と感じます。

場面 89 とりあえず

「取り敢えず」と書き、「用意すべきものも取ることができないほど、すぐに、ただちに」という意味でした。迅速に、他のことより最優先に、という意味だったのです。それが徐々に「十分に準備せず、まずは試しにやってみる」という軽いニュアンスに変わりました。

「さしあたり」

今そのことに直面している様子を表す言葉。「さしあたり○○する」といえば、「目の前に課題があるので、それに対し、当面の間は○○のように対処する」という状況です。

「仮《かり》に」

一時的な間に合わせとして、という意味で、現代の「とりあえず」とほとんど同じ意味の言葉です。ただ、音の響きなどから、あらたまった印象を与えます。「とりあえず」の持つ、いい加減で不誠実な感じはありません。

「暫《ざん》定《てい》的《てき》に」

最終決定ではなく、とりあえず正式な決定までのつなぎとして定めることです。暫定政権など。なお、その策があまりに苦しいときは「弥縫《びぼう》策《さく》」とも呼びます。

関連

「とりあえず対処する」などと言う場合、対義語としては「抜本的に」「根本的に」「本質的に」などが考えられます。

場面 90 太っている（男性）

悪気なく、よかれと思って言ったことでも、相手の逆鱗に触れてしまう場合があります。人の外見に触れるのは基本的にはマナー違反ですが、表現としては存在するので、ポジティブで人を傷つけにくい言葉を知っておきましょう。

「恰《かっ》幅《ぷく》のいい」

体の肉づきがよく、主に、肩や腹の幅が広い様子です。とくに、お腹が出ている様子を表現する言いまわしです。腹囲があることを嫌う人は多いですが、和服は、恰幅のいいほうが着こなしやすいとも言われています。

「貫《かん》禄《ろく》がある」

身にそなわった威厳のこと。体から感じられる重みや立派さなので、ある程度太っているほうが貫禄が出てくるものです。なお、身近な人同士で、「近頃、貫禄が出てきたじゃないか」などと言う場合は、太ったことをからかっていることが多いです。

「頼《たよ》りがいのある背《せ》中《なか》」

「貫禄がある」もそうですが、大きくなった体形が与えるポジティブな印象に注目します。この人になら任せて安心だ、という重みを感じますよね。

関連

女性のぽっちゃり体形に言及するのは、男性以上に避けたほうが無難でしょう。

場面 91 | 痩せている

ダイエットに励んでいる人からすれば、痩せている人はうらやましいでしょうが、当人はコンプレックスだと感じている場合があります。こちらもあまり触れるべきではありませんが、別の言い方を紹介します。

「華《きゃ》奢《しゃ》な」

姿形がほっそりとして、上品な雰囲気をまとっている様子。細い分、繊細で、弱々しい印象も与えます。男性が女性を見て「華奢な肩」などと言う背景には、守ってあげたいという気持ちがあります。

「スレンダーな」

ほっそりとし、バランスの取れた体形。単に細いだけでなく、モデルのようにすらっと背が高いイメージもあります。「スレンダー美人」というように使います。

「しゅっとした」

大阪弁から広まった言葉です。体形がほっそりしているだけでなく、垢抜けて都会的な、センスのよい格好よさをともなっている様子を言います。

関連

かつては「スマート」という言葉がよく使われていましたが、現在「スマート」という語は、「スマートフォン」をはじめ、知能や洗練を表すことが多くなっています。

場面 92 日焼けしている

夏が近づくと、日焼け止めの宣伝が多くなります。現在は、男女ともに美白を目指している人が多いようですね。とはいえ、スポーツ好きの方などで日に焼けた肌の人はいます。どのように声をかけたらよいでしょうか。

「小《こ》麦《むぎ》色《いろ》の肌《はだ》」

定番の表現です。小麦色というのは、収穫期の小麦のような色。JISの色彩規格では「やわらかい赤みの黄」と規定されています。つやのある、黄色がかった褐色です。

「健《けん》康《こう》的《てき》な」

健康そうに見える様子。白い肌でも、それが青白く不健康に見えてしまったらイマイチですね。ちょっとぐらい焼けているほうが、さわやかで、健康的に見えるものです。

「アウトドア派《は》」

肌の状態というよりは、日焼けするに至った経緯に注目します。前に見たときより焼けていたら、「どちらかへお出かけですか」「ゴルフですか」「アウトドア派なんですね」などと声をかけ、話のきっかけにするとよいでしょう。

関連

色白の肌を言う表現には「雪の肌」。「色の白いは七難隠す」ということわざもあります。実際、秋田県の女性を「秋田美人（秋田小町）」というのは、色の白い女性が多いからです。

場面 93 ｜ 老けている

年齢相応に見えるのが一番いいのでしょうが、どうしても、若く見えたり、老けて見えたりする人がいます。とくに30代以降は、若々しく見られたいと願う人が増えるのではないでしょうか。そんな中、老けていると伝えたら怒らせてしまいそうですが……。

「大人《おとな》びた」

年齢の若い人に対して使える言葉です。10代、20代、せいぜい30代前半ぐらいまで、でしょうか。外見だけの問題ではなく、内面から大人の雰囲気が漂ってくるのが「大人びた」。しっかりして、落ち着いている、と褒める言葉です。

「ダンディな」

男性の洗練された様子。オシャレに気を配りつつも、必死にやっている感じのしない、大人の余裕を感じさせる態度です。単に髪形・服装などの見た目だけでなく、立ち居振る舞いも含め、気品がある様子を言います。

「いぶし銀《ぎん》」

銀は普通、光沢のある白い金属ですが、燻したり時間が経ったりすると、濃い灰色に変化します。それが、いぶし銀。一見地味であるものの、実力や魅力を持っている人を評するのに使われています（例：いぶし銀の演技）。大人ならではの渋い魅力です。

関連

男性に対する「若く見えますね」は諸刃の剣です。外見が若いことを喜ぶ人もいれば、頼りがいがないように見えるのか、と嫌がる人もいるからです。「さわやかですね」「みずみずしさを失わないですね」のように、少し別の角度から言うといいでしょう。

場面 94 イケメン

イケているに「面」あるいは「men(man の複数形)」をつけた言葉だと言われています。イケメン俳優、イケメン店員、イケメンアスリートなど、さまざまな分野で使われます。心がイケメンというケースもあるのですが、ここでは容姿に限って類語を集めました。

「眉《び》目《もく》秀《しゅう》麗《れい》」

眉と目、目元のあたりが、優れて美しい様子。さらに鼻が整った様子を加え、「目鼻の整った顔立ち」という言い方もあります。顔が整っていることは「端正」「ハンサム」「男前」とも言いますね。

「伊《だ》達《て》男《おとこ》」

江戸時代に生まれた言葉。人目を引く、しゃれた身なりの男性のこと。単なるオシャレさんというよりは、男の意地を重んじた格好いい男性のことを言いました。「男を立てる」の「男立て」に、仙台藩主の伊達政《だてまさ》宗《むね》が結びついてできたと言われます。

「苦《にが》み走《ばし》ったいい男《おとこ》」

壮年男性の格好よさをいう言葉です。壮年とは、もともと 30 ～ 40 代のことでしたが、現代は寿命も延びていますし、50 代も含めてイメージしてもいいかもしれません。顔つきに渋みがあり、引き締まっている人のこと。

関連

美女を表す奥ゆかしい表現に「立てば芍薬《しゃくやく》、座れば牡丹《ぼたん》、歩く姿は百合の花」があります。美しい女性はどのようにしていても、花にたとえられる美しさなのです。

場面 95 尊い

「尊い」とは「身分が高い」「非常に価値がある」という意味で、長年使われてきた言葉ですが、近年インターネット上のスラングとして独特の発達を遂げました。キャラクターやコンテンツに対し、「○○尊い……」のように言う例が見られます。

「崇高《すうこう》」

気高く、偉大である様子。俗物にはかんたんに近寄ることのできないような雰囲気、畏敬の念を抱かせるような完璧な美しさを言うのに使います。

「麗《うるわ》しい」

古文でも使われている言葉で、元は、整った感じを表す言葉でした。シャツのボタンを一番上まできちんと留めるような、きちんとした感じです。そこから、顔などが整って美しい様子を言うようになりました。

「余人《よじん》をもって代《か》えがたい」

「余人」とは、他の人、それ以外の人のこと。他の人では置きかえがたい、唯一無二の価値があることを言う表現です。「唯一無二」「かけがえのない」や、並ぶもののないことを言う「比類ない」が近い言葉です。

関連

現代語にもある「ありがたい」はもともと、「有り難し」で、存在することが難しい、普通なかなか存在しないほど素晴らしい、という意味でした。この「尊い」とも少し近い気がします。

場面 96 | 終わってる

流行は移り変わるもの。熱狂的なブームが巻き起こるほど、その波が去った後、寂しく感じられます。近年では、時代に合わなくなった作品や商品を「オワコン」（終わったコンテンツ）と呼ぶこともありますが、この語自体もそのうちオワコンになるかもしれません。

「前《ぜん》世《せい》紀《き》の遺《い》物《ぶつ》」

前の世紀（はるか昔）に残されたもの。と言っても、文化遺産のような伝統的価値のあるものではありません。古いまま変わらずに残され、現代には通用しなくなってしまったものを言います。

「尻《しり》すぼみ」

物事の規模や勢いが、終わりに近づくにつれて小さくなったり弱まったりする様子。だんだん失速していくわけです。頭は竜で、尾は蛇であるという「竜頭《りゅうとう》蛇尾《だび》」も同じ意味です。

「斜《しゃ》陽《よう》」

西に傾く夕陽のことですが、「斜陽産業」と使うように、栄えたものが新興のものにおされて徐々に没落していく様子にも使います。この使い方には、太宰治『斜陽』が大きく影響しています。戦後、没落する上流階級の家族を描いた小説です。

関連

人気がなくなったり、落ちぶれたりする様子を言う言葉に「下り坂になる」「下火になる」「凋落《ちょうらく》する」「人気が失墜する」「零落《れいらく》する」「見る影もなくなる」があります。

場面 97 これから来る！

今からブームになりそうな芸能人や作品、商品のことを「これから来る」「次に来そうな○○」などと言いますよね。本来は「ブームが来る」のように言うところ、省略されて「来る」になっているのです。きちんと表現するならどう言うべきか、考えてみました。

「成長株《せいちょうかぶ》」

株式投資から生まれた言葉です。この「株」は本来、企業の株のこと。「成長株」は、将来業績が伸びると期待できる企業の株式のことだったんですね。それが転じ、将来が期待できる人材にも使います。

「末恐《すえおそ》ろしい」

「末」は「将来」。将来どうなることかと思いやられて、恐ろしい。単に未来が不安だという意味でも使われますが、褒め言葉にも使います。このまま成長したらいったいどれほど優れた人物になるのか、想像すると恐ろしいほどだ、という意味です。

「新進気鋭《しんしんきえい》」

新たにその分野に現れた人が、意気込みが鋭く、勢いがあって、将来有望な様子を言います。才能のある若手のことです。「今回は新進気鋭のデザイナーに任せることにした」というように使う言葉です。

関連

新人がまわりから期待されるときには、「ゴールデンルーキー」「大型ルーキー」「期待の新星」などと称します。少しかたい表現には「将来を嘱望される人材」「麒麟児《きりんじ》」もあります。

場面 98　やられた！

「やられた！」は、もはや「おおっ」や「えっ」のような感動詞になっているのでは？ 誰かに迷惑をかけられたとか、天気に恵まれなかったとか、何か被害にあった気分のときに、人は「やられた！」と叫ぶわけです。

「まんまと騙《だま》された」

「まんま」の語源は「うまうま(上手上手)」。古くは「まんまと騙してやった」と喜んでいる使い方のほうが多いです。「まんまと騙された」とすると、相手の策にうまくはめられてしまった悔しさがにじみます。

「出《だ》し抜《ぬ》かれた」

隙をうかがい、約束を破って先に行動するのが「出し抜く」です。相手を信頼していたのに裏切られた、置いていかれた、という悔しさをよく表した言い方です。

「意表《いひょう》を突《つ》かれた」

「意表」は「意表外」とも言い、「予想外」に通じる言葉。夏目漱石『それから』に「平岡の問は実に意表に、無邪気に、代助の胸に応えた」という例があります。予想していない部分を突かれた驚きです。

関連

「やられた！」は悔しい気持ちで言うことの多い言葉ですが、相手の巧妙さや抗いがたい魅力を褒めるときにも使われます。

場面 99 | ぶっちゃけ

木村拓哉さんが流行らせたとも言われている言葉。本音をぶっちゃける(=ぶち明ける、打ち明ける)雰囲気がよく出ている言葉ではありますが、少々くだけた印象を与える若者言葉です。大人の言い方を挙げてみました。

「ありていに言《い》うと」

ありてい(有り体)とは、ありのまま。嘘偽りなく、ありのままを伝える、という意味です。「ありていに言うと、素晴らしいです」という使い方はしません。悪い情報もオブラートに包むことなく伝える、というニュアンス。

「率直《そっちょく》に言えば」

遠慮を抜きにして、自分の思うことを正直に言うこと。目上の人や友人など、大切にしたい相手に対してでも、配慮をいったん脇に置いて、悪い点をずばり指摘する様子です。

「単刀直入《たんとうちょくにゅう》に」

中国古典に由来する言葉で、元は、一人で刀を持ち、敵陣に斬り込むという意味でした。それが転じ、遠回りせず、すぐに本題に入ることを言うようになりました。短刀直入と書かないように。

関連　本音を話す様子を表す慣用句として「歯に衣着せない」「気兼ねなく」「腹蔵《ふくぞう》なく」「胸襟《きょうきん》を開く」があります。

場面 100 それな

若い人の間であいづちとして使われる「それな」。「それは確かに」という同意を表します。仲間内で共感しながら会話を進めるときには便利な言葉かもしれませんが、目上の人に対するあいづちとしては使えませんよね。大人の会話用のあいづちを紹介します。

「おっしゃる通《とお》りです」

尊敬語「おっしゃる」を使い、相手の言っている通りだと賛同するあいづちです。「同感です」も同じです。古風に言うと、「仰《おお》せの通りです」。これはかなり年齢の離れている相手にしか使えないでしょう。

「まさしく」

相手の言っていることが間違いなく正しいことを認めるあいづち。くずれた言葉で言うと「どんぴしゃ(り)」。「なるほど」も同じですが、あまりに「なるほどですね」などと連発すると、真面目に聞いていない感じがします。

「さようですか」

接客業などで使われるあいづちです。「そうですか」の「そう」の部分が「さよう」となっています。少々古風ですが、その分、奥ゆかしく感じられます。「ええ」と組み合わせながら使うと、上品な雰囲気です。

関連

あいづちの基本は、相手の話を受け止めることです。「でも」「しかし」「いや」と反論しはじめること、「ところで」「そういえば」と話を変えてしまうことは避けましょう。

場面 101 ないわ〜

いくらなんでもこれはない、とあきれる様子。「ありえない！」も、同じニュアンスです。普通からあまりにずれていることに、驚き、あきれるのです。以下では、個人的な嫌悪でなく、誰が見てもおかしい、と主張する言葉を集めました。

「あるまじきことだ」

「まじき」（言い切りは「まじ」）は「〜してはならない」と禁止する意味の助動詞です。そのようなことは道徳上あってはならないと、事の異常さを強調する言い方です。

「言語道断《ごんごどうだん》だ」

元は仏教語で、言葉で説明する道が断たれてしまう、という意味の四字熟語でした。えも言われぬ素晴らしさに使われることも多かったのですが、現代ではもっぱら、言葉にできないほどひどいという意味です。

「常識《じょうしき》に欠《か》ける」

「常識」は文明開化の頃、「common sense」の訳語として表舞台に出てきた言葉です。社会人として当然持っている、持っているべきだとされる知識・判断力を意味します。その当然のものがない、と非難する言い方です。

関連

「もってのほかだ」「問答無用でダメだ」「突飛過ぎる」なども、普通から外れたおかしなものにあきれる言葉です。

COLUMN 6

明治維新で先人が工夫して作った語

漢字は、漢（中国の昔の国名）の字と書きますし、音読みの熟語は中国から入ってきたものだと思いがちですが、実は、日本で作られたものも多くあります。とくに多くの言葉が作られたのが、明治維新の直後です。「憲法」「自由」「失恋」のように、日本で編み出され、後に中国に逆輸入された単語もあります。

①日本人による造語

開国後、政治や自然科学などでは、西洋から新たに入ってきた概念が多くありました。それまで中国や日本になかった言葉を何とか表そうと、日本人は言葉を作りました。たとえば「彼女」も、「she」という、西洋語の代名詞を訳するために作られた言葉です。それまでは性別の区別なく、「彼」と言っていました。
造語の例：「個人」「階級」「投票」「新婚旅行」「彼女」

②中国語の漢語の転用

もともと中国語にあった語で、その当時では、あまり使われなくなっていた熟語を利用しました。元の中国語の意味とは少しずれています。

「経済」

元は経世済民、世を経《おさ》め民を済《すく》うという意味でした。どちらかと言えば「政治」に近い語ですが、economy の訳語として定着しました。

「権利」

『史記』では、権力と利益という意味でしたが、西周《にしあまね》が right の訳語として使いはじめました。当初は「権理」「民権」などの訳語も使われていました。

おわりに

お読みいただき、ありがとうございました。本書が皆さんと言葉との出会いの機会になっていたら嬉しく存じます。

知らない言葉を新たに知った――そんな出会いはもちろん、知っていたはずの言葉との出会い直しを提供したいと思い、本書を書きました。知っているつもりの言葉でも、実はあまり理解できていなかった、ということがあります。そうした語彙に気づき、使用語彙のレベルへと高めるお手伝いをしたいと考えたのです。

本書では、イラストレーターの白井匠さんの力を借り、一つひとつの語のイメージが立ち上がってくることを目指しました。「この語って、こういうことだったんだ！」と実感してもらいたかったのです。実感をともなって理解していてこそ、言葉は自分のものになるからです。

本書を読み終えた皆さんにおすすめしたいのは、例文作成です。本書に掲載されている例文とは別に、自分が使う文脈などを想像して例文を作っていただきたいのです。

アウトプットは最大のインプット。実際に使ってみてこそ、記憶は定着します。それに、いざ例文を作ってみようとすると、繊細な語感が気になり、改めてその語について考え、理解する機会になるのです。

また、日ごろから言葉に親しむに当たっては、国語辞典を二冊以上使うことも提案します。辞書によって、語を定義するスタンス、取り上げる用例が異なるため、複数を引き比べることで、納得に近づきます。どの辞書を買うか悩む方には、サンキュータツオさんの『学校では教えてくれない！　国語辞典の遊び方』（角川文庫）がおすすめです。十種類以上の辞書を擬人化して特色を解説していますので、辞書を選ぶ手助けになるでしょう。

紙の辞書を使うのは手間だという人も、現代ではアプリとして提供されている辞書、ブラウザ上で使える辞書も、何種類もありますので、気になったらすぐパソコン、スマートフォンで調べるというのを習慣にしてみてくださいね。

国語を学ぶことで感受性と対話力を磨いたら、人生はもっと楽しいと思う——。私が、ウェブサイトなどに掲げているモットーです。ぜひ豊かな語彙を道具や武器にして、より生き生きと毎日を楽しんでいただけたらと思います。

凡庸《ぼんよう》　80

【ま】

枚挙《まいきょ》にいとまがない　89
誠《まこと》に　197
まさしく　212
全《まった》くもって　197
真人間《まにんげん》　56
満悦《まんえつ》　33
慢心《まんしん》　131
まんまと騙《だま》された　210
見合《みあ》わせる　159
見切《みき》りをつける　29
未熟《みじゅく》　128
水《みず》を得《え》た魚《うお》のように　60
味噌《みそ》をつける　147
魅了《みりょう》する　54
魅惑的《みわくてき》　55
身《み》を退《ひ》く　158

【む】

虫唾《むしず》が走《はし》る　151
無尽蔵《むじんぞう》　88
無知蒙昧《むちもうまい》　129

【め】

目《め》こぼし　175
面目躍如《めんもくやくじょ》　61

【も】

妄言《もうげん》　143
申《もう》し訳程度《わけていど》　91
猛然《もうぜん》　77
目算《もくさん》　104
目論見《もくろみ》　124
もどかしい　150
物言《ものい》い　46
模倣《もほう》　120

【や】

安手《やすで》　115
野望《やぼう》　38
やみつき　42
勇敢《ゆうかん》　76
優柔不断《ゆうじゅうふだん》　138
猶予《ゆうよ》　174
所以《ゆえん》　117
油断《ゆだん》　130
ユニーク　66
容易《ようい》　86
容認《ようにん》　168
余儀《よぎ》なくされる　148
余人《よじん》をもって代《か》えがたい　207

【ら】

落成《らくせい》　109
リーズナブル　114
利口《りこう》　50
凌駕《りょうが》　53
凛々《りり》しい　76
黎明《れいめい》　83
老練《ろうれん》　153

【わ】

笑《わら》いを誘《さそ》う　199

道理《どうり》 116
得心《とくしん》 111
徳用《とくよう》 70
飛《と》ぶ鳥《とり》を落《お》とす 106
度量《どりょう》の大《おお》きい 58
トレンド 62
頓挫《とんざ》 146

【な】

内情《ないじょう》 117
なおざり 135
並外《なみはず》れた 198

【に】

苦《にが》み走《ばし》ったいい男《おとこ》 206
柔和《にゅうわ》 74

【は】

掃《は》いて捨《す》てるほど 88
はかばかしい 107
破顔《はがん》 21
薄弱《はくじゃく》 141
拍手喝采《はくしゅかっさい》を浴《あ》びる 72
爆笑《ばくしょう》 20
白昼夢《はくちゅうむ》 125
溌剌《はつらつ》 64
はなはだ 198
腹《はら》をくくる 28
反響《はんきょう》がある 199
盤石《はんじゃく》 69
反面教師《はんめんきょうし》 190

【ひ】

贔屓《ひいき》 186
引《ひ》き立《た》て 186
卑怯《ひきょう》 132
人当《ひとあ》たりがよい 74
非難《ひなん》する 136
批判《ひはん》する 136
美風《びふう》 119
悲憤慷慨《ひふんこうがい》 37
眉目秀麗《びもくしゅうれい》 206
表敬訪問《ひょうけいほうもん》 178
剽窃《ひょうせつ》 121
標榜《ひょうぼう》する 92
平謝《ひらあやま》り 164

【ふ】

不遜《ふそん》 145
不退転《ふたいてん》 29
復旧《ふっきゅう》 98
復興《ふっこう》 99
不動《ふどう》 68
フレキシブル 75
奮闘《ふんとう》 22
噴飯《ふんぱん》 21
分別《ふんべつ》のある 110

【へ】

弊《へい》 192
平明《へいめい》 87
便宜《べんぎ》 71
鞭撻《べんたつ》 167
弁明《べんめい》 164

【ほ】

放言《ほうげん》 143
暴言《ぼうげん》 142
冒頭《ぼうとう》 82
謀略《ぼうりゃく》 125
補佐《ほさ》 176
程《ほど》なく 84
骨抜《ほねぬ》き 42
掘《ほ》り出《だ》し物《もの》 96
奔走《ほんそう》する 182
本望《ほんもう》 32

精彩《せいさい》を放《はな》つ　52
成算《せいさん》　105
脆弱《ぜいじゃく》　141
清新《せいしん》　65
成長株《せいちょうかぶ》　209
声望《せいぼう》が高《たか》い　63
精力的《せいりょくてき》　64
拙《せつ》　193
浅《せん》　193
浅学《せんがく》　129
先見《せんけん》の明《めい》　104
穿鑿《せんさく》（詮索）　181
前世紀《ぜんせいき》の遺物《いぶつ》　208
前代未聞《ぜんだいみもん》　67
先導《せんどう》する　172
全幅《ぜんぷく》の信頼《しんらい》を寄《よ》せる　185

【そ】

聡明《そうめい》　51
底意地《そこいじ》の悪《わる》い　133
粗相《そそう》　146
率直《そっちょく》に言《い》えば　211
尊大《そんだい》　24

【た】

大過《たいか》ない　157
太鼓判《たいこばん》を押《お》す　96
台風《たいふう》の目《め》　113
卓越《たくえつ》　196
たけなわ　103
他山《たざん》の石《いし》　191
出《だ》し抜《ぬ》かれた　210
伊達男《だておとこ》　206
頼《たの》みの綱《つな》　184
頼《たよ》りがいのある背中《せなか》　202
だらしない　134
端緒《たんしょ》　83
ダンディな　205
単刀直入《たんとうちょくにゅう》に　211
堪能《たんのう》　33

【ち】

知恵《ちえ》を絞《しぼ》る　26
知己《ちき》　189
竹馬《ちくば》の友《とも》　188
遅滞《ちたい》なく　85
地《ち》に足《あし》のついた　68
血肉《ちにく》とする　191
血《ち》の涙《なみだ》　35
チャーミング　200
躊躇《ちゅうちょ》する　139
寵愛《ちょうあい》　187
嘲笑《ちょうしょう》　20
重宝《ちょうほう》　71
凋落《ちょうらく》　147
直言《ちょくげん》　40
陳謝《ちんしゃ》　165
珍重《ちんちょう》　67

【つ】

痛恨《つうこん》　30

【て】

手垢《てあか》のついた　152
鼎談《ていだん》　101
定評《ていひょう》がある　62
低廉《ていれん》　115
溺愛《できあい》　44
撤回《てっかい》する　158
天秤《てんびん》にかける　139

【と】

当意即妙《とういそくみょう》　51
討議《とうぎ》　101
同志《どうし》　188
踏襲《とうしゅう》　121
闘争《とうそう》　122
堂々巡《どうどうめぐ》り　138

心《こころ》より　197
心《こころ》を砕《くだ》く　183
小賢《こざか》しい　144
ご足労《そくろう》　178
刻苦《こっく》　23
鼓舞《こぶ》　167
小麦色《こむぎいろ》の肌《はだ》　204
ご来臨《らいりん》　179
懇願《こんがん》　38
根拠《こんきょ》　116
言語道断《ごんごどうだん》だ　213

【さ】

再興《さいこう》　99
さしあたり　201
差《さ》し出《で》がましい　144
雑感《ざっかん》　46
刷新《さっしん》　95
さめざめと泣《な》く　35
さようですか　212
暫定的《ざんていてき》に　201

【し】

慈愛《じあい》　44
直談判《じかだんぱん》　100
至急《しきゅう》　84
忸怩《じくじ》　31
私見《しけん》　47
獅子奮迅《ししふんじん》　61
私淑《ししゅく》する　171
したり顔《かお》　145
失言《しつげん》　142
叱咤《しった》　166
実《じつ》に　198
指南《しなん》する　173
自慢《じまん》　24
諮問《しもん》　181
弱体化《じゃくたいか》　140
癪《しゃく》に障《さわ》る　150
斜陽《しゃよう》　208
秀逸《しゅういつ》　196
執心《しゅうしん》　43
修正《しゅうせい》　94
十人並《じゅうにんな》み　156
襲名《しゅうめい》　120
宿願《しゅくがん》　39
熟達《じゅくたつ》　110
熟慮《じゅくりょ》　26
出色《しゅっしょく》　53
しゅっとした　203
潤沢《じゅんたく》　89
順当《じゅんとう》　156
順風満帆《じゅんぷうまんぱん》　107
照会《しょうかい》　180
称賛《しょうさん》を浴《あ》びる　72
常識《じょうしき》に欠《か》ける　213
成就《じょうじゅ》　108
精進《しょうじん》　22
憔悴《しょうすい》　155
常套《じょうとう》　81
奨励《しょうれい》　166
初手《しょて》　82
尻《しり》すぼみ　208
心外《しんがい》　30
深謝《しんしゃ》　165
心証《しんしょう》　47
新進気鋭《しんしんきえい》　209
人望《じんぼう》が厚《あつ》い　63
尽力《じんりょく》　23

【す】

推挙《すいきょ》　97
推参《すいさん》　179
推奨《すいしょう》　97
垂涎《すいぜん》　39
崇高《すうこう》　207
末恐《すえおそ》ろしい　209
杜撰《ずさん》　134
スレンダーな　203

【せ】

盛況《せいきょう》　102

恰幅《かっぷく》のいい　202
カビの生《は》えた　152
過分《かぶん》　163
カリスマ性《せい》　54
仮《かり》に　201
皮算用《かわざんよう》　105
感化《かんか》する　173
鑑《かんが》みる　27
諫言《かんげん》　41
慣行《かんこう》　118
甘受《かんじゅ》　169
寛恕《かんじょ》　175
感傷的《かんしょうてき》　154
完遂《かんすい》　109
歓談《かんだん》　100
堪忍《かんにん》　174
感銘《かんめい》を受《う》ける　196
寛容《かんよう》　58
貫禄《かんろく》がある　202

【き】

危急存亡《ききゅうそんぼう》　149
気位《きぐらい》　25
拮抗《きっこう》　123
詰問《きつもん》　180
肝《きも》に銘《めい》じる　190
肝《きも》の据《す》わった　69
華奢《きゃしゃ》な　203
求心力《きゅうしんりょく》　55
旧態依然《きゅうたいいぜん》　153
及第点《きゅうだいてん》　157
糾弾《きゅうだん》する　137
競合《きょうごう》　122
矜持《きょうじ》　25
興味深《きょうみぶか》い　199
供覧《きょうらん》に付《ふ》す　93
極言《きょくげん》　41
虚弱《きょじゃく》　140
気《き》を揉《も》む　182

【く】

愚《ぐ》　192
薫陶《くんとう》を受《う》ける　170
訓練《くんれん》する　172

【け】

敬愛《けいあい》　45
謦咳《けいがい》に接《せっ》する　171
係争《けいそう》　123
軽率《けいそつ》　130
稀有《けう》　66
激賞《げきしょう》される　73
下種《げす》　132
結実《けつじつ》　108
決断《けつだん》する　28
権威《けんい》　113
健康的《けんこうてき》な　204
顕彰《けんしょう》する　93
健闘《けんとう》　60
賢明《けんめい》　50
権力《けんりょく》　112

【こ】

厚誼《こうぎ》　187
号泣《ごうきゅう》　34
高潔《こうけつ》　57
後見《こうけん》　177
豪語《ごうご》　40
恍惚《こうこつ》　43
幸甚《こうじん》　163
好人物《こうじんぶつ》　56
構想《こうそう》　124
豪胆《ごうたん》　77
膠着状態《こうちゃくじょうたい》　149
好都合《こうつごう》　70
豪放磊落《ごうほうらいらく》　59
恒例《こうれい》　118
告示《こくじ》する　92
極上《ごくじょう》　52
心丈夫《こころじょうぶ》　185
心《こころ》なしか　90
心《こころ》ばかり　91

INDEX

巻末索引

【あ】

愛情《あいじょう》こまやか　45
愛《あい》らしい　200
アウトドア派《は》　204
明《あか》るくない　128
悪弊《あくへい》　119
あげつらう　137
朝飯前《あさめしまえ》　87
足《あし》を洗《あら》う　159
ありがたい　162
ありていに言《い》うと　211
あるまじきことだ　213
安易《あんい》　86
暗澹《あんたん》　155

【い】

意気消沈《いきしょうちん》　154
憤《いきどお》り　31
意気揚々《いきようよう》　65
いささか　90
意地汚《いじきたな》い　133
悼《いた》む　36
一触即発《いっしょくそくはつ》　148
一新《いっしん》　95
一般《いっぱん》　80
意表《いひょう》を突《つ》かれた　210
いぶし銀《ぎん》　205
畏友《いゆう》　189

【う】

迂闊《うかつ》　131
鬱憤《うっぷん》が溜《た》まる　151
有徳《うとく》　57
麗《うるわ》しい　207

【え】

会得《えとく》　111
円滑《えんかつ》　106

【お】

黄金時代《おうごんじだい》　102
懊悩《おうのう》　36
鷹揚《おうよう》　59
嗚咽《おえつ》　34
おざなり　135
教《おし》えを乞《こ》う　170
おしなべて　81
お墨《すみ》つきをもらう　73
恐《おそ》れ多《おお》い　162
お力添《ちからぞ》え　177
お力《ちから》になる　176
お茶目《ちゃめ》な　200
おっしゃる通《とお》りです　212
大人《おとな》びた　205
お値打《ねう》ち　114
思《おも》いを致《いた》す　27
おんぶにだっこ　184

【か】

かいがいしく働《はたら》く　183
悔恨《かいこん》　37
会心《かいしん》　32
改善《かいぜん》　94
快諾《かいだく》　169
回復《かいふく》　98
可及的速《かきゅうてきすみ》やかに　85
佳境《かきょう》　103
鍵《かぎ》を握《にぎ》る　112
可塑性《かそせい》が高《たか》い　75
肩代《かたが》わり　168

【著者紹介】

吉田　裕子（よしだ・ゆうこ）

◉――国語講師。三重県出身。公立高校から、塾や予備校を利用せずに東京大学文科Ⅲ類に現役合格。教養学部超域文化科学科を首席で卒業後、学習塾や私立高校などで講師の経験を積み、現在は大学受験塾の教壇に立つ。また、カルチャースクールや公民館で古典入門、文章の書き方講座などを担当し、6歳から90歳まで幅広い世代から支持される。たとえ話や笑いを交えた、わかりやすく納得できる教え方が好評で、栄光ゼミナールの授業コンテストで全国優勝した経験を持つ。

◉――『源氏物語』『百人一首』をはじめ、古典・近代文学・歌舞伎などの教養に裏打ちされた日本語の見識を活かして、社会人女性向けの敬語講座、書籍の執筆にも取り組む。

◉――NHKEテレ「Rの法則」に敬語講師として出演するなど、テレビや雑誌でも幅広く活躍中。

◉――著書（監修を含む）に『美しい女性《ひと》をつくる 言葉のお作法』『大人の語彙力が使える順できちんと身につく本』（かんき出版）や、『正しい日本語の使い方』（枻出版社）、『品よく美しく伝わる「大和言葉」たしなみ帖』（永岡書店）、『語彙力強化ドリル300』（宝島社）など多数。

大人《おとな》の言葉《ことば》えらびが使《つか》える順《じゅん》でかんたんに身《み》につく本《ほん》〈検印廃止〉

2018年1月22日　　第1刷発行

著　者――吉田　裕子

発行者――齊藤　龍男

発行所――株式会社かんき出版

東京都千代田区麹町4-1-4 西脇ビル　〒102-0083

電話　営業部：03(3262)8011㈹　編集部：03(3262)8012㈹

FAX　03(3234)4421　　振替　00100-2-62304

http://www.kanki-pub.co.jp/

印刷所――大日本印刷株式会社

　ISBN978-4-7612-7316-3 C0030